Sachiko Miura
三浦幸子

心の理解と家族支援

医療的ケアが必要な子どもたち

講談社エディトリアル

三浦幸子先生の臨床の世界へようこそ！

前広島市西部こども療育センター所長・小児科医
広島市こども療育センター発達支援部長・小児科長
山根　希代子

私が、三浦幸子先生のお仕事に初めて出会ったのは、２０１４年7月、神戸で行われた全国児童発達支援協議会（児童発達支援等を行っている事業所が研修や情報交換を目的として集まった協議会）の全国職員研修会でした。先生の講演のテーマは「こころの理解と家族支援」というタイトルで、常々、乳幼児期の療育において家族支援は要《かなめ》であると考えている私は、大きな期待を胸に講演を伺いました。

講演の内容は、子どもの発達的理解や、保護者の心情的理解、家族の関係的理解、そして、家族支援の役割や視点・方法・実際と多岐にわたるものでしたが、論理的な考え方とともに、先生ご自身が子どもやご家族を丁寧に理解しようと接しておられるご様子が感じ取られ、大きな学びとなりました。優しい語り口の先生のお話は、私自身の心に響き、聴くだけで心が穏やかになりました。そして、先生のパワーポイントは大切なポイントを、わかりやすく端的に示しつつも、その行間には、これまで出会った多くの方々の支援を通じたご経験や、たくさんの書籍や文献から考察された内容であることが想像され、臨床的にも学術的にも裏付けられた貴重な一枚一枚であることが感じ取られました。

講演に感動した私は、職員や地域の方々と一緒に学べればと思い、「広島市西部こども療育センター」の次年度の職員研修、地域の保育園・幼稚園の先生方との合同実践学習会で講演をしていただくことにしました。研修内容は、全国研修会での内容をベースにしていただきましたが、さらに、発達障害のある子どもの保護者への対応など、療育現場で悩んでいることについても丁寧に教えていただき、私たちにとってタイムリーな内容となりました。

合同実践学習会では、保育園の先生からの「子どもの発達支援の必要性を保護者に伝えようとしてもなかなかうまくいかない」といった悩みに対し、「保護者が防衛や拒否をされるときには、背景に何か理由があるのではないかなー」と一緒に考えて下さり、最後に、質問をされた先生へねぎらいのことばをかけられたのが印象的でした。その場に参加された方々も自分自身がねぎらわれた感覚だったのでしょうか、会場はしっとりと、でも、明日への一歩を静かに歩みだす力をいただいた、一体感を感じた学習会となりました。

その後、研修担当者と先生とのやり取りのメールで、心に残ることばをいただきました。「(保育園の先生方や支援者が）すぐには『解決』につながらない関係をつなぎ続けることに対して、『ねぎらい』のような『思いを聴く役割』を、西部こども療育センターの相談役の先生ができるといいですね」

さらにお話を伺いたいと翌年も職員研修会を計画したところ、まず、現場で悩んでいることなどを事前に質問するようにと、メールでのご指示をいただきました。職員皆で考え、「子どもが肯定感を持った大人へと成長していくための保護者支援とは」、「中途障害や進行性疾患の保護者の気持ちにどう寄り添っていけるか」等についてお願いしました。

研修会では、これらの質問に答えていただきながら、私たちの課題に沿った研修をして下さり、職員全員が心をひとつにして保護者支援にあたるきっかけを下さいました。一方で、聴き手である職員を、決して受け身にさせず、自ら研修に参加できるように仕組まれた先生の研修の手腕に脱帽したのも記憶に残っております。

その後も、先生からできるだけ学びたいという職員の意向に沿って、3年続けて職員研修や公開セミナー・学習会の講師としてはるばる広島まで来ていただきました。何度お話を伺っても、奥の深さを感じ、まだまだ学びたいと思っていたところ、先生がこれまでの臨床のご経験をご著書にされると伺い、大変うれしく思いました。きっと、学術的な裏付けを基に、先生がご経験された子どもやご家族への支援を紹介していただきながら、丁寧に子どもや家族に添っていくプロセスの大切さを私たちに語って下さるのではないかと思います。加えて、読み手が受け身にならず、自ら学び取るようなご著書になるのではないかと期待しています。

さて、ここからは、三浦幸子先生の世界です。

「三浦幸子先生の臨床の世界へようこそ！」

はじめに

長い間、医療的ケアが必要な子どもたちやその家族の心理臨床を担当してきました。この領域の心理担当者はあまり目立ちません。「話し言葉が難しい子どもたちとカウンセリングはできないでしょう」「何を思っているかわかるのですか?」「心理臨床の仕事としてはメジャーではないですね」などと言われることもありますが、子どもたちの心の奥深さやお母さんたちの底力に励まされながら、そのような親子をいろいろな人が支えています。

昨今、ようやく医療的ケアが必要な子どもたちのことが社会的に広まり、家族のケアの重要性も、テレビなどで取り上げられることが増えました。医療的ケアが必要な子どもたちとは、日常生活を営むために医療が必要な子どもたちのことですが、人工呼吸器を使って息をしたり、吸引器で痰《たん》を取ったり、チューブを鼻から胃などに入れて栄養をとったりして生活しています。2017年度の研究班報告〔田村、2018〕によれば、日常生活を営むために医療が必要な状態にある在宅生活の子どもたちは、0〜19歳で全国に約1万8000人を超え、そのうち人工呼吸器を使っている子どもは約3500人(19%)と増え続けています(2016年5

月時点)。

このような子どもたちの支援の必要性については、2016年6月に改正された児童福祉法にも規定され、医療的ケアが必要な子どもたちの通園機関も地域に次々と立ち上がってきましたが、「お風呂と散歩が中心」などと聞くこともあり、まだまだ手探りのようです。一方で、公認心理師という国家資格もスタートしました。しかし、「障害児者福祉」という領域の課題や役割は、まだ十分に位置づけられていませんし、その中でも医療的ケアが必要な子どもたちの問題は、あまり注目されていないと感じます。

私は、医療部門を備えた療育機関で、就学前の子どもたちが通う幼児通園の担当をしながら、年齢を問わず親子の心の相談にあたる心理臨床の仕事を続けてきました。外来診療で出会う在宅の親子や、入所している子どもたち・大人たち、時折招かれる地域の他機関などの親子を合わせると、たくさんの親子やスタッフとお会いしてきました。私たちが親子にどうかかわるとよいのか、日々、頭を悩ませ工夫してきましたが、情けない結果になることもしばしばありました。子どもたちの年齢も診断名も幅広いものですが、周囲の助言も得ながら、医学書の少ない心理面の情報を手がかりにしたり、心理臨床の研修会などで人の心についての理解を深めたりする努力を続けてきました。その都度、ズバリ答えが得られるという経験はほとんどなく、近い内容やヒントにできそうなことを探して、自分なりに解釈し応用してきました。

そのような中で、医療的ケアが必要な子どもたちにかかわる人たちが増えつつあるこの時代に、自分の経験を通してこの役割の重要性と醍醐《だいご》味《み》が少しでも伝わり、若い人たちを含め多くの方にとって何かヒントが得られることを願って書いたのが、この本です。

この領域は、医師をはじめとした多職種の協働が欠かせません。親子をとりまく環境も複雑です。その中で、時として誠実でやさしいスタッフこそが心を痛めるということもあります。何を優先してどのように折り合いをつけるか、限られた時間の中で判断することが求められます。親子の利益を最優先にしながらスタッフ間の共通理解を図るためにも、やさしさに加えて根拠となる理論的な背景や知識が必要です。

この本は、心理担当者をはじめ児童発達支援にかかわる保育士、看護師、理学療法士（PT）、作業療法士（OT）、言語聴覚士（ST）、医療ソーシャルワーカー（MSW）、薬剤師、保健師、ヘルパーなどに向けて書いたつもりです。それぞれの専門性を活かしながら親子の心情理解を深め、支援者として心理臨床の知見を実践に活かす手がかりになればうれしい限りです。

なお、本文中には、いろいろな子どもや家族が登場しますが、出会った方々を思い起こしながら、伝わりやすくなるように構成したもので、実在するわけではありません。また、医療的ケアが必要な子どもたちの中には、呼吸器をつけて走っていたり、文字盤を使って話を組み立てたり計算ができたりする子どももいますが、この本では、独りで歩くことが難しく、内面の理解はうかがえるものの話し言葉が不明瞭であるなど、運動面・精神面双方で発達に課題のある子どもたちの例を挙げています。さらに、お父さんやおじいさん・おばあさんが中心にかかわっているご家族も大勢いらっしゃいますが、現状ではお母さんが中心となっていることが多いので、わかりやすくするために、お母さんを主な養育者として述べていきます。

〈注〉

２００８年から２０１７年までの10年間に心身障害児総合医療療育センター通園科（以下、本書では「センター」、「〈通園〉」と書きます）を利用した２１６名（男児１０９名、女児１０７名）のうち、人工呼吸器・酸素・気管切開・胃ろう・腸ろう・経管栄養・吸引・導尿など、何らかの医療的ケアが必要な子どもたちは１６１名で（体調不良時、夜間のみなどを含む）、74・５％に上っています。医学的な診断については、胎生期・周産期の脳原性疾患が最も多く１０５名（49％）ですが、13トリソミーや18トリソミーなどの染色体異常が26名（12％）、脳炎脳症などの後遺症が13名（６％）、進行性で呼吸器疾患を伴う筋疾患（筋ジストロフィーなど）が12名（５％）、そのほか代謝性疾患や骨系統疾患などがありました。

入園時の年齢は、生後10か月が最年少で、２歳以上３歳未満が最も多く、就学を控えた６歳になって初めて通い始めた子どもも３名いました。

目次

第2章　家族の支援

第3章 家族の心の理解と配慮

第5章　支援者の自己理解

心の理解と家族支援

——医療的ケアが必要な子どもたち

装幀
大岡喜直(next door design)

カバー押し花
半谷京子(フォリア)

第1章　子どもたちの心の理解

1 「理解」と「支援」は車の両輪

臨床活動においては、親子を「理解」し、「支援」するという基本的な役割があります。この両者は、「理解してから支援する」という、時間の流れで区切られるものではありません。車の両輪のように、理解して、支援しているうちに、また理解が深まって、あるいは理解の仕方が変更・修正されて、支援の方法が変わっていくものだと思います。

そして、この間にも子どもは刻々と発達していき、子どもの変化に影響を受けながら、大人も気持ちが変化していきます。ですから、面接の1回目は、「まだ、理解中ですので何も言えません」ということではなく、「今日、初めてお会いしてこのように感じるので、こんなことが当面大事ではないかしら」と、支援の手がかりは常に表明したいと思っています。

次に考えたいことは、「何を理解するのか」ということです。心の理解には、子どもの心の理解と、お母さんをはじめとする家族の心の理解が含まれます。子どもについては、その状態を発達的に理解していくことが重要です。子どもを「発達する一人の人として、今の在りようを捉える」と言い換えてもいいでしょう。心に限らず、身体面の発達や医療の必要性なども含めて捉えます。それらのことは、心の発達に大きく関係しており、そのようなかたちで子どもを理解していくことが大切なのです。この章では、このことを詳しく述べていきます。

また、家族の心の理解については、お母さんが子どもを育てながらどのような思いを抱いているか、という心情的な理解をするにあたって、共通する視点を持ちながら、個別性にも配慮することが重要です。その際、親子をとりまく家族全体を関係的に理解することが必要となります。お父さんをはじめ、きょうだい、同居・別居に限らず祖父母との関係や生活状況、そして、それらの基本となる家族の歴史を知っておく必要もあります。これらの幅広く深い理解に根ざして、支援を進めていきたいと思います。このことについては第2章以下で述べます。

2　子どもは関係をつくる「リーダー」役

お母さんたちは、子どもの発達がなかなか進まないように見える時に、「自分のせい」「かかわり方がうまくないから」と話されることがあります。しかし、親子の一方のみに「責任」があるということは、まずありません。ましてや、医療的ケアが必要な子どもについて気がかりが多い中で、お母さんの育て方のせいのみで子どもの発達が進まないなどということは、ありえないことでしょう。

そもそも、子どもは、関係的で能動的な存在です。関係的というのは、人は一人で育つものではなく、そばにいる人と影響し合いながら育っているという意味です。地域による慣習の違いや、方言、生活習慣なども、このようなかかわり合いから形成されます。そのように、周囲と密接にかかわり合いながら育っていく存在なのです。また、能動的というのは、受動的の反対語ですから、受け身で何かを待っているのではなく、子ども自らが積極的に働きかけて育っていくということです。

その際、身体運動面の発達は非常に重要です。つまり、子どもの動きが、親の養育行動を誘っているわけです。それは、生まれる前からすでに始まっています。お母さんのお腹《なか》にいる時に、胎動といってもぞもぞ動くことが、早ければ妊娠5か月目くらいからあります。お母さんは、「あらあら元気ね」「まだ夜だから、もう少し寝ましょうか」などと、その動きに応えるように話しかけ、お腹に手を触れるかもしれません。動きの多い赤ちゃんもいれば控えめな赤ちゃんもいて、まだ「性格」と呼ぶにはささやかなので「気質」と呼び、その個人差には広い幅があります。そんなやりとりを積み重ねながら、生まれてくる前から、すでに、子どもとお母さんの気持ちの行きかいは始まっていて、そのキャッチボールのような心のやりとりを通して、親子の関係が形作られていきます。

「関係的・能動的存在」としての子ども
～子どもの動きが養育行動を誘っている～

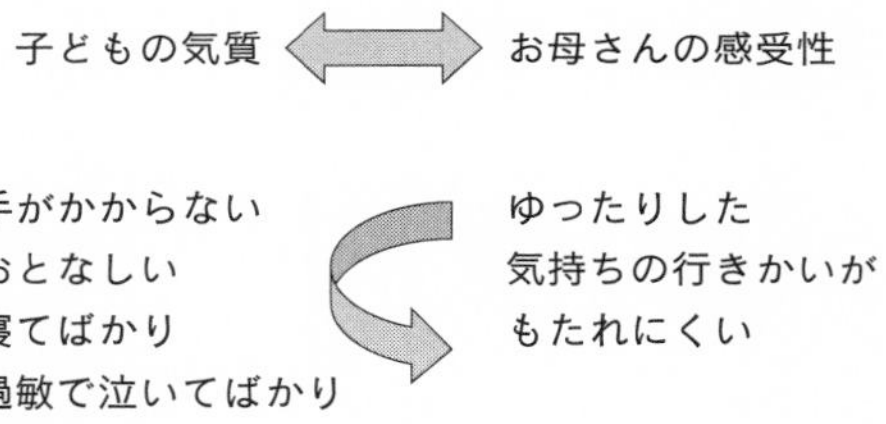

生まれてからはなおさらです。特に、新生児期に見られる原始反射は大きな役割を果たします。フワッと笑ったように見える微笑反射、お腹がすいたように見える吸啜《きゅうてつ》反射、手を握ったように感じる把握反射などを、大人たちは子どもからの誘いかけと受けとめて、「あら何が楽しかったのかな？」「お腹すいたの？」「おやおや、つかまってるの～」などと、まだ話し言葉がない中でも、たくさんの会話の糸口として話しかけ、お母さんの感受性がいっそう育《はぐく》まれます。

それが、何らかの理由で、子どもから発信する動きが控えめで、「手がかからない」「おとなしい」「寝てばかり」という場合には、当然、お母さんを引き付ける力になりにくいので、お母さんのかかわり方が下手かどうかではなく、かかわる機会や自然なやりとりが減ってしまうのです。反対に、とてもデリケートに周りに気づき、やっと寝たと思っても小さな物音にも目を覚ましてまた泣き続け、お母さんが続けて眠れない、などという場合も同様です。つまり、ゆったりとした気持ちの行きかいが持たれにくくなります。気がかりが大きい時は、笑顔で応じるより心配げに眺めることが増えるのは当然のことです。

このように、本来、親子の関係をリードするのは子どもの側なのです。ですから、育て方のせいとは思えません。特に中枢神経の発達が未熟な場合は、新生児期の反射は見られにくくなります。反り返りが強い運動麻痺がある子どもたちでも、新生児期はむしろ体の動きが少ないと言われています。そこで、早めにリハビリが勧められて、抱き方や姿勢のとり方をPT（理学療法士）に教わることも多いでしょう。そのような育児がスタートする中で、お母さんにとって、運動面の発達の気がかりが優先的なテーマになるのは当然のように思います。つまり、立てるか、歩けるかが、大事な発達の目標になりがちです。ですから、「体と心、両方大事」とお伝えしたいのですが、「リハビリ志向」になることは、誰のせいでもないと感じます。

3　子どもについての「気がかり」を発達的に見る

次に、子どもについて「気がかり」があった時に、そのことをどのように見るかということについて考えていきたいと思います。以前は、子どもに気がかりがあると、それを「特殊」「異常」などとして、あたりまえの発達の道筋とは異なるものと理解して、別の場で別の活動をすることにより、社会の中で目立たなくしようとする発想がありました。

しかし、今は「子どもについての気がかりを発達的に見る」という考え方が一般的です。つまり、子どもについての気がかりは、「発達期に起こるさまざまな心身の気がかり」であり、「子どもは発達しつつある存在」として、「発達が何らかの理由によって妨げられている状態」と理解されています。まさに、あたりまえの発達の道筋（25ページの図の矢印）の中に、今ある子どもの状態が位置しており、決して特別なものではないという理解の仕方です。そこから、気がかりは「なくす、なおす」という対象ではなく、むしろ、何らかの理由により進みにくくなっている発達を「促す、援助する」という視点でかかわることが重要となります。

指しゃぶりを例に考えてみましょう。指しゃぶりは、乳児期から見られ、次第に外界に関心が広がり、安心感が得られる中で見られなくなります。

新しく入園してきた5歳になる男の子は、右手の親指をしゃぶりすぎて指の皮膚が固くなり、服がよだれで濡れるので、お母さんが小まめに拭いています。この子は、肘を使って前に進むことがようやくできるようになりましたが、小さい時から入退院を繰り返していて、少しでもお母さんの姿が見えなくなると、必死で探します。〈通園〉の活動中も、少し楽しくなるとお母さんを確かめなくてはならず、なかなか遊びが広がりません。

そこで、まずは、お母さんにしっかりいつも見えるところにいてもらいました。その上で、なだらかな幅の広い滑り台のような坂を作り、色とりどりの輪投げの輪をコロコロと転がす遊びに誘いました。初めは、お母さんにしがみついて指をしゃぶっていましたが、「見る」ということ自体を一つの役割として大事にしました。そして、スタッフが楽しそうに転がしていると、男の子はだんだんと近づいてきます。今度は、ちょっと自分で転がしてみて、みんなが喜ぶとうれしそうにお母さんにしがみつきます。そんな活動を繰り返しているうちに、転がすために右手が必要で、そのためには左手で体を支えなければならず、気がつくと手が口にいくことが減りました。

この子は、繰り返す入院生活で、自分から不安を回避できない状況が続き、気持ちの表現もまだ困難なため、指しゃぶりが神経症的な癖として続いていると考えられました。また、手の使い方の狭さが遊びの広がりにくさにつながっていました。幅の広い坂に物を置いて転がすというシンプルな行動が、人と一緒に楽しめる手ごたえある遊びとして展開し、情緒面のサポートにつながったと考えられます。

気がかりな行動は、やめさせるのではなく、別の活動に誘うことで知的な好奇心の発達を促し、援助していく中で変化します。指しゃぶりを発達の道筋に沿った行動と捉えることによっ

基本的な理解の視点
～お母さんとの協力関係を育てるために～

子どもについての「気がかり」を発達的に見る
ひとりの子どもとして接する

“発達期に起こる様々な心身の気がかり”
“子どもは発達しつつある存在”
“発達がなんらかの理由によって妨げられている状態”

「気がかり」を“なくす、なおす”→発達を“促す、援助する”
どの子どもにも共通する視点で、活動を選択する

て、このような遊びの仕方やかかわりの手がかりが見つかるのです。一見気がかりに見える行動をあまり目立たせずに遊びを広げる試みをしながら、「気がついたら、なんとなく減っていた」という見方をお母さんたちに伝え、見守りたいものです。

このように、子どもについての気がかりをどのように見るかということについては、お母さんに言葉で説明する場合もありますが、スタッフ自身がどのような言葉を使いながら、どのような工夫をして子どもに対応するかという姿勢にも現れます。お母さんと協力して子どもの養育にあたることは、お母さんとスタッフの関係をつくる大事な基本です。

この「気がかりな行動は、あたりまえの発達の道筋の中に位置する」という発想を知った時、正直なところ、納得とともに疑問も湧きました。そのころ知り合った15歳の少女は、人が集まると、その場にいる全員の名前を

呼んで、最後に「こんにちは！」と言っていました。学生であった私は、「これは発達の道筋にない！　この理論は大事な視点ではあるが、すべてではない」と感じていました。

しかし、その後、もうすぐ3歳になる甥《おい》と夕食を食べている時に、いきなり甥が「おじいちゃん、おばあちゃん、おかあさん、おばちゃん、……、いただきます！」と、その場にいる全員の名前をニコニコと笑顔で言って、ご飯を食べ始めました。ところが、その数か月後には、ご飯を実際に作ったおばあちゃんを選んで、「いただきます！　おいしいよ！」と言うようになりました。つまり、子どもが人を好きになり、人を覚え、相手の名前を呼びたくなった時、誰も漏らさずに大事にしてみんなにあいさつをする、という発達的段階があるのだと実感したのです。そして、人の役割についての理解が進んで分化し、この人は自分にとって何をしてくれる、どういう存在かと認識することにより、全員を呼ぶという行動が変化してくるのだと思いました。

時として、発達は目覚ましく速く進み、あまり目立たないうちに次の形へと変化していきます。しかし、ある段階がゆっくりと長く続くことで、目立ち、気になり、時には別の気がかりが生じるということなのでしょう。だからこそ、いろいろな角度から検討して、発達を妨げている要因を探し、やめさせるのではなく、受けとめて関心を広げていくことが重要なのです。お母さんが気がかりに思って訴えていらした時には、「そうね、今はまだそうだけどね」などと、こちらがそれを固定した特別の問題として捉えているのではなく、発達の一つのプロセスと理解していますという表現で応えて、一緒に考えていきたいと思います。

ある時、幼児通園の講習会で、それぞれの機関でどのような活動を展開しているか、というテーマでディスカッションをしました。あるスタッフが、「うちでは、子どもたちの皮膚感覚が鈍いので、きゅうりやこんにゃくの薄切りを顔や手に貼る活動をしています」と自慢げに話しました。司会をしていた私は、すぐに私の意見を述べることは控え、「ここに、保育園で働いたご経験のあるスタッフはいますか?」と尋ねると、数人が手を挙げました。「保育園では、そのような遊びはありますか?」と聞くと、みんな、そのような遊びはしたことがないとの返事でした。

子どもの意思によらずに、食品を顔などに貼りつけるということは、子どもにとってもお母さんにとってもあまり気持ちのいいことではないでしょう。私は、「保育園ではしない活動を、どうして療育の場でするのでしょうか。お母さんたちは敏感です。スタッフが子どもをどう見て、どんな発想で活動を選んでいるか、十分感じ取っています。そのことは、くれぐれも忘れずにおきたいと思います」と話しました。やはり、基本的な人間観をきちんと持っていないと、よかれと思っていても、発想がずれてしまうことがあります。

4　子どもは身近な大人の気持ちにとても敏感

子どもたちの発達がゆっくり進んでいて話し言葉がまだ聞かれないと、大人たちは、つい、「まだまだ、いろいろなことがわかっていないだろう」と思いがちです。出かける準備をしてきれいな服に着替えたばかりなのに吐いてしまったりすると、お母さんもがっかりして、「なんでまた！」という気持ちになるのも致し方ありません。〈通園〉に遅れて到着したお母さんが、嘆きながらそのように遅れた理由を話されていると、横にいる子どもの表情もがっかりして見えます。

ある時、いつも笑顔の3歳の男の子が、珍しく泣きながら〈通園〉に着いて、お母さんは、「なんだかこの数日、グズグズ言っているんです」と、疲れた表情をされました。私は、男の子を抱いてプレイルームの片隅に誘い、「何があったのかな？　お父さんのことかな？　お姉ちゃんのことかな？」と話しかけていると、お姉ちゃんと言われた時に、ふと表情が変わりました。

お母さんに、「なんだかお姉ちゃんのことで、最近、気になることでもあったかしら？」と聞くと、今度はお母さんが泣き始めて、「実は……」と、お姉ちゃんにまつわる話を聞かせて下さいました。中学校を受験したところ、第一志望の学校に合格できず、第二志望の学校に決まり、それはそれで、お姉ちゃんは気持ちを切り替えて、新しい生活を楽しみにしているそうです。しかし、その姿を見ながら、お母さん自身にいろいろな思いが頭をもたげてきてしまったというのです。「私はどうしていつも二番なんだろう。就職の時も第二希望、結婚相手も最初に好きになった人とは結婚できなかった。今の夫は次男で、お兄さん夫婦にいつも気を遣い……」などと、「二番」を巡って、お母さんの気持ちがこの数日うつうつとしていたそうです。お母さん自身がそのことにお気づきになり、私に聞かせて下さったあと、お母さんの表情が少し和《やわ》らぐと、男の子もいつの間にか泣きやんでいました。

同様のエピソードはたくさんあり、常々、子どもたちには、大変するどく敏感に、お母さんの気持ちを感じ取る力があると思っていました。そんな時、発達心理学の文献を読んでいて、ふと目に留まったのが「原初的コミュニケーション」という概念です〔鯨岡、1997〕。これは、「主として対面する二者のあいだにおいて、その心理的距離が近いときに、一方または双方が、気持ちや感情のつながりや共有を目指しつつ、関係を取り結ぼうとするさまざまな営みを、原初的コミュニケーションと呼ぶ」と説明されています。

ここでまず大事なのは、その対面する二者の「心理的距離が近い」ということです。それについては、「一方または双方が相手に対して密度の高い配慮性を示す対人関係またはそれに準ずる関係にあることを意味する」と説明されています。

例えば、恋人同士は気持ちの距離がものすごく近いので、あまり言葉を発していなくても気持ちが通じ合っているように見えます。ですから、そばにいるだけで「夕日がきれいだね」「そうね」と、情動が二人の間で行きかっていて、ホッとしていたり、うれしかったり、ほのぼのとしていたり、今、ここでの気持ちが共有されています。また、老夫婦が陽だまりの公園のベンチに座っていて、あまり対話をしていないような状況でも、双方に気持ちが通い合っている印象を持ちます。「ああ、いろいろなことがありましたけど、長く一緒に生きてきましたね」という感じで、長く一緒にいた相手に対する思いや、これまでを思い起こすような気持ちなどが、穏やかにそこに漂っているように思えます。

そのように二者の間の気持ちが近ければ、いろいろな情動をお互いに共有することができるということを、「原初的コミュニケーション」という概念によって理解することができます。それは、おそらく、子どもたちとお母さんの間でも起きているのではないか、むしろ、子どもたちは、話し言葉の情報理解がまだ難しいだけに、非常に情動には敏感なのではないかと思います。

さらに、コミュニケーションには、理性的なコミュニケーションと感性的なコミュニケーションという、二つの種類があるとも説明されます。理性的コミュニケーションでは情報が行き来し、感性的コミュニケーションでは情動が行き来しています。例えば、お母さんが電話で誰かと話していて、「明日、池袋駅の3番出口の改札口で会いましょう」と言ったとします。「明日、池袋駅の3番出口の改札口」というのは情報です。子どもたちは、それがいつで、どこなのかについては、まだわからないかもしれません。しかし、その時のお母さんが、「明日会えるね。うれしいね」という思いで話していたか、「気が進まないけど、行かなきゃいけない」という思いだったかについては、敏感に感じ取っているように思えます。

また、よくお母さんたちは、子どもがつらそうな顔をしている時、「どこが痛いのか、いつからなのか」とか、いろいろな情報が欲しいのに、「わかってあげられなくて、もどかしい」と話されます。確かに、「お腹が少し前から痛い」などという情報が得られれば、どんなに助けになるかと思います。時として、それはとても難しく、もどかしいのですが、それでも、「心配している。気にかけている」という情動は伝わっているのではないでしょうか。子どもたちは、何がどうして、どうなっているのかという情報はわからなくても、「どうも、今、この大人は、何か自分について心配してくれているんじゃないか」ということは敏感に感じ取っていて、そのことで心が少し楽になる場合もあると思っています。

ある時、卒園したお母さんに廊下でばったり出会いました。20歳を過ぎた娘さんが全く元気がなくなって、食べないし動かないので心配になり、いよいよ精神科に連れて行ったところ、

「こういう子は、うつにはならないはずなんですよ」と言われながらも抗うつ剤が出されて、それが効《き》いたので、「やっぱりうつ病でしたね」と言われたそうです。

お母さんに、「何かつらいことありましたか？」と尋ねたところ、おじいさんに末期のがんが見つかって、ほどなく亡くなり、お父さんのきょうだい間で遺産の問題でもめてしまったそうです。医療的ケアが必要な娘さんがいるために、いつもその家にきょうだいが集まり、時には激しい口調で会話が進み、お母さんは、あまり意見も言えず、そのたびに複雑な思いで過ごしていたというのです。「おそらく、具体的なことはわからなかったかもしれないけど、お母さんが、今、大変つらい目に遭っているということがわかって、一緒につらくなったのかもしれませんね」とお伝えし、それ以降は弁護士さんに加わってもらって、話し合いの場所を変更することを勧めました。その後、娘さんは、徐々に元の様子に戻ったということでした。

第2章　家族の支援

1　家族支援の課題

(1) 子どもの発達支援そのものが第一の家族支援

家族支援というと、家族に対して何かしら気の利《き》いた助言をするようなイメージを持っているスタッフが多く、「私は経験が浅いから」「子育て経験の豊富な先輩のように自信を持って助言できない」などという言葉を耳にします。しかし、私が思う家族支援の第一は、「子どもの発達や生活を支援すること」です。

お母さんたちは、気の利いた助言以前に、まず、「このスタッフは、我が子をわかろうとしてくれている」「うちの子は、あのスタッフがいると安心するようだ」「どうもうちの子は、あのスタッフをチラチラ見ている」などということをとても敏感に感じています。そして、そのことがとても安心で、支えられている思いになれる基本だと思います。だからこそ、私たちは、安心感につながるように、子どもを知り、そして「あたりまえの一人の子ども」として大切にかかわることが、何より大事な課題だと思います。

事故の後遺症があって4歳から通い始めた女の子のお母さんは、グループ活動中に、表情をあまり変えず、よく女の子のおでこをつついていました。「何をしておられるのかな？　どんな思いなのかな？」と思って見ていましたが、直接に質問することはせず、私たちスタッフは、毎回「おはよう！　今日はお天気がいいね」などと女の子に声を掛けながら遊びを展開していました。お母さんとは、行事や就学の相談など、いろいろなやりとりをしました。

２年ほど時がたち、卒園式の日が近づくと、お母さんは紙にお気持ちを書いて渡して下さいました。そこには、この状態になってからずっと我が子である気持ちが持てなかったこと、先生たちの声掛けやかかわり方を見ながら、だんだんに我が子である気持ちが戻ってきたことなどが書かれていました。おでこをつついていたことの意味がやっとわかり、よく聞かせて下さったという思いと、その期間を大事にそっと過ごせてそれでよかったのだなと、改めて感じたお手紙でした。

⑵ 家族が子どもの理解を深め、主体的に生活する支援を

このような子どもへの支援を大前提としながら、次の課題として、「お母さん自身が、子どもについて理解を深め、家族全体に無理のないペースで主体的な育児や生活ができるよう支えること」が挙げられると思います。

情報があふれた社会です。その中で、こんな検査がある、こんな薬がある、こんな治療法が

あるなどと、あっという間に情報が駆け巡る時代です。知りやすくなってよかった面ももちろんありますが、大事なのは、自分の子どもにとって、今、何が必要か、何を優先できるといいかということが、しっかり考えられる手立てです。簡単に結論が出せないことはたくさんあると思いますが、少なくとも、情報に振り回されず、判断の基準を持っていられるといいと思います。そのために、スタッフは、自分の専門性に基づいて子どものアセスメント（今ある状態を把握すること）をし、お母さんが自分で考えて判断しやすいように情報を提供する、時には、結論の案を伝えることが大切な課題です。最終的に、お母さんが選んだことは、「今は、そのことを優先するのね」と尊重したいと思っています。

さらに、家族全体に無理のないペースとは、結構、難しいものです。私たちの目の前にいる親子だけでなく、家族全体に目を向ける必要があります。繊細なお姉ちゃんが保育園に行き渋り始めていたり、お母さんとお父さんの関係がギクシャクしていたり、入院中のおばあさんの具合が悪かったり、時には、お母さん自身が倒れる寸前だったりと、家族全体のバランスをとるのが難しくなっている場合があります。そこを、気持ちに馴染《なじ》みやすいように伝えながら、休息も挟み、長く育児と生活ができるよう支えていきたいと思います。

言うまでもなく、子どもの発達を支える役割に、最も身近なところでかかわっているのが家族です。家族全体に無理のないペースで主体的な育児や生活ができるように支えるには、スタッフが家族と連携することが不可欠です〔三浦、1994〕。お母さんの精神面の不調から、子どもの命にかかわる危険があるような場合には、家族の了解を得ずに進めざるを得ないこともありますが、基本的には、家族と情報を共有し、家族の視点からの意見を考慮しながら、各スタッフの専門性なども理解していただいて、役割分担し、優先順位などをつけていくことが重要です。

その際、「医療」から「生活」への橋渡しができるといいと思います。何しろ、生まれた時から入院や病院通いという、「医療」に囲まれた生活をせざるを得ません。少しでも「患者」ではなく、「一人の子ども」と感じやすいように工夫したいと思います。薬や医療的ケアは欠かせませんが、その一方で、遊びや経験の広がりなど、生活を豊かにする方向でかかわれるといいと思います。

私たちの〈通園〉は、「ようちえん」と呼ぶようにしています。「○○ようちえん」として固有名詞があったほうがいいとの意見も時折出ましたが、1970年の創設以来ずっとこのままです。この呼び方だと、お母さんが子どもに、「病院、行こうね」ではなく、「ようちえん、行こうね」と声を掛けられます。スタッフがおうちに電話をして、お姉ちゃんが出た時に、「お母さん、ようちえんの先生から電話！」と言えます。お父さんが仕事から帰った時には、「今日、ようちえんでね……」と話ができます。そのような、さりげない会話の中に「生活」が漂っていることが大事だと思っています。

しかし、このことは、そう簡単ではありません。医療的ケアがないと命にかかわる状態の子どもたちです。呼吸器や酸素吸入器が常時必要な場合もあります。そうでありながら生活を実感するには、医師の方針を理解した看護スタッフなしには実現しません。「この顔色なら、サチュレーション（血液中の酸素量のことで、測定器に数値が示される）を見ながら、数分なら呼吸器を外してブランコに乗れそう」などと、リスクを避けながら経験を広げられます。

口から何か食べると誤嚥《ごえん》性の肺炎になる心配があるので、実際に食べるという活動はなかなかできませんが、やはり、バレンタインデーはチョコレートが欠かせません。チョコレートを溶かしてかわいいホイルの型に流し込み、カラフルなお砂糖を振りかけて、お父さんにお土産《みやげ》を作る活動をすることがあります。試食は控えますが、甘い匂いに囲まれると、当然よだれが出てきます。それも誤嚥してむせてしまう危険があります。そんな時、ＰＴ（理学療法士）やＯＴ（作業療法士）が、うつ伏せで手が使いやすい姿勢をとってくれると、いい匂いに誘われながらお料理活動を続けることができます。

そのような経験を積み重ねていくうちに、これまで痛いことや怖いことが多かっただけに、子どもたちの様子が少しずつですが変わってきます。不快さを避けるように目をつぶって寝たかのようにしていたのに、よく目をあけているとか、不思議そうにチラチラ見ることが増えたとか、ささやかではありますが、それも立派な発達的変化です。それらのことは、そばにいて一緒に活動を体験しているお母さんとスタッフが一緒に感じ取ることができます。「なんだかちょっと変わってきたね」と、共に喜び合いながら、活動を広げていきます。だからこそ、生活に根ざした活動をして、具体的なかかわり方のヒントを提供できることが、大事な支援だと思います。

(3)「あるべき家族」にあてはめず、「ありうる家族」と理解して

次の課題は、「スタッフの視点を広げること」です。

私たちスタッフは、いろいろな子どもたちを知っているだけに予測がたち、予防的な発想から慎重になることがあります。それはとても大切なことなのですが、ともすると、そのことを助言しても実行に移されないと、「なぜこうしないのか」ともどかしくなって肩に力が入り、お母さんとの関係がギクシャクしてしまうことがあります。

次ページの図は、精神保健福祉にかかわるスタッフ向けの文献にあったものに手を加えたものです。この目が、私たちスタッフの視点だとしましょう。スタッフにも、「こうであってほしい」という理想の家族像があります。しかし、それがあまりにも、今、実際に対面している家族とかけ離れていると、「どうしてこうなんだろう」ともどかしい思いになってしまい、責

スタッフの視点をひろげて

「あるべき家族」の型にはめこまないで
「ありうる家族」を幅広く想定して
↓

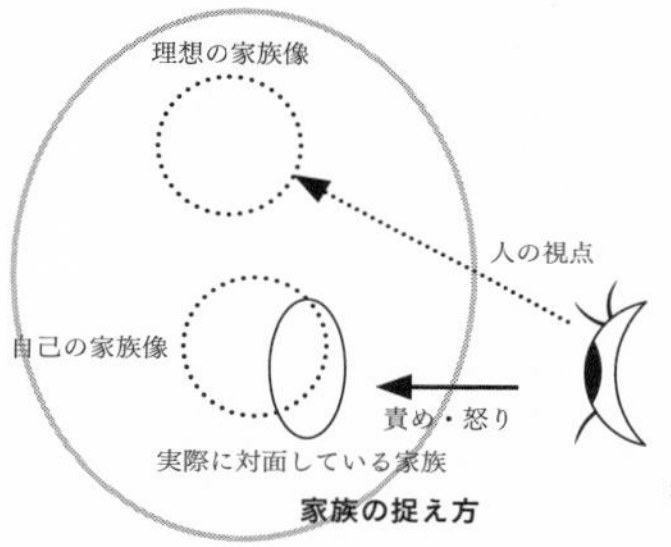

家族の捉え方

福山(2000)に加筆

めたり怒ったりする気持ちが湧き起こってきます。自分でも肩に力が入ってしまい、冷静に次の行動を選択できなくなることすらあります。そのようなスタッフの思いにお母さんたちはとても敏感で、「私はよく思われていない」と感じ取るので、支援の関係はうまく進みません。

これは、スタッフの側が「あるべき家族」の型にはめこもうとした結果ではないでしょうか。ですから、その周りに大きな円で示したように、「ありうる家族」を考えたいと思うのです。実際に対面している家族と、私たちの理想の家族像も大事にして、両方を包み込むように大きな円を描けるといいと思います。つまり、「こうあるべき」が実現しない時は、「それでもこのお母さんが、今日もこの子とつきあって、ここに連れてきてくれた」と視点を変換して、「お願いしたことはなかなか進まないけど、この親子関係もありうる」と思っておくのです。そうすると自分の中にゆとりができ始め、お母さんのいい面が見えてきて、自分も楽になってきます。

私たちスタッフは、たくさんの家族にお会いしてきました。ですから、こうしているとこういうことが起きるなどと、予測がしやすい面があるのです。しかし、お母さんたちは今を懸命に過ごしていますから、言われても気づきにくいことやできないこともあります。そして、そうはいかないから今のことが起きているわけで、それを専門家に指摘されてもすぐには変えられないし、時には、変えたくない場合もあるでしょう。

スタッフが急ぐ気持ちを落ち着けて待つことができるようになるためにも、「ありうる家族」と自分に言い聞かせましょう。「親子遊びをするので、動きやすい服装で来て下さい」とお願いしてあるのに、ヒョウ柄のミニスカートでいらしても、「よく来てくれた」と思えるといいでしょう。呼吸器持参で、「夜中の２時までカラオケ行ってきた」と眠そうに、でも、どこかすっきりした表情で聞かせてくれるお母さんに、「それはそれは」と、多少ひきつった笑顔でも、「よく来たね」という気持ちが伝わると、また違う会話が広がるかもしれません。

(4) 専門性を活かしつつ、ありのままの心情が表現されるかかわりを

もう一つの課題は、「投げかけられた内容について、自分の専門性を活かしつつ具体的に助

言をしながら、ありのままの思いを知ろうと耳を傾けて聴くこと」です。

お母さんたちは、知らないことだらけの中で奮闘しています。ですから、聞きたいことや質問したいことがたくさんあります。それに対して、具体的でわかりやすい助言をすることはとても重要です。しかし、時として、対話の内容がスタッフからの意見や情報の提供が中心になる傾向があります。このような対応の仕方は、心理療法の技法としては「支持」と呼ばれ、「指導・保証・環境調整」などの方向性を出す対話を内容とします〔前田、1984〕。時間が限られていてスタッフ側に専門性が高い時に、ともするとそのような対応で終始してしまう傾向があります。

しかし、ここは、意図的にお母さんの「表現」を誘いたいと思います。つまり、お母さんがそうしたいろいろな助言を受けてどのように感じたのか、それを表現できる機会にするのです。これは、「カタルシス」とか「浄化」などと呼ばれ、いわゆる心の中で感じていることをありのまま表現することで、心のおそうじをするような意味です。

私たちは、心で思ったことを言える時と、そうでない時があります。言えるとすっきりして気持ちが軽くなりますが、言えるためには、聞き手の在り方が大事です。「この人なら何を言っても、まずは批判せずに耳を傾けて聴いてくれる」と感じられた時、ありのままの思いが言えるかもしれません。また、言えないわけではありませんが、日々の生活の中で、「言っても解決しない思いは、もう封印しておこう」と思っていることもあるように思います。だからこそ、「今のやり方でどうかしら？　できそうかしら？」などと、「表現」を誘う声掛けをしたいと思います。すると、少し間《ま》をおいて、「めんどくさそう」とお母さんがつぶやいた時、「よく聞かせて下さった」と私は思います。「なるほど、どのあたりかな？」などと、その思いをもっと膨らませるように、せっかく話し始めた思いをもっと聴く準備がこちらにはありますよというメッセージを伝えます。

そのようなやりとりをしているうちに、ふと、お母さんが「そうか！　わかった！」と言って、「洞察」、つまり、自分について気づくことがあります。「めんどくさいと思うのは、私が子どもについて思っているわけではなくて、私が懸命にやっているのに何も一緒にやらない夫に腹を立てていたんだわ」とか、「ちっとも褒めてくれない、自分の母親にあてつけたいんだわ」などと話されることもあります。そんな時、「自分の子どもなのにかわいく思えていないようでつらい」と、自分を責めるように話していたその奥にある気持ちに気づくことで、親子の関係が変化していきます。

この「洞察」は、「表現」なしには生まれないように思うのです。だからこそ、私たちは、たくさんの助言をして終わるのではなく、いつもそこにありのままの心情が表現できる機会を作りながら、すぐに「洞察」につながらなくても、もっともっとありのままの気持ちを聞かせて下さっていいのだと、その気持ちは大事に守りながら受けとめますよと、伝え続けたいと思います。

これまで述べてきたように、「支持」と「表現」と「洞察」が同時に展開する関係を育《はぐく》むことが大切な課題だと考えています。もちろん、スタッフは勉強していますから、知識は豊富ですし、そうありたいものです。しかし、私が望むのは、お母さんたちが私たちに何でも聞けばいいと依存する関係ではなく、自立した応用の効《き》く力です。だからこそ、「お母さんはどう思う？」「どうしたい？」などと、いろいろな「表現」を大事に誘いながら、対話を進めていきたいのです。そうすることで、お母さん自身のありのままの心情が表現され、癒やされ、本来もっていた自発性が発揮されます。これが、まさに療育の意義だと思います。この点は、またあとで触れます。

2 「障害受容」は単純ではない

(1) 安易に語ったり、求めたりできないと認識する

とても大事で、ずっと考え続けてきたことがあります。それは、いわゆる「障害受容」は単

純ではないということです。この言葉について改めて事典を調べると、手元にある心理学事典にも精神医学事典にも出てきません。ようやく見つけたのは『社会福祉用語辞典』〔ミネルヴァ書房〕で、「障害の受容」として説明されています。少し長いのですが、そのまま引用します。

障害の受容とは、永続する心身機能の変調とそれに伴って変化した社会生活機能の現実に対する適応過程のことである。受傷は、機能の変調にとどまらず、障害のない人との対比、「できること・できないこと」、社会的に異質とみられる行動傾向、社会経済活動への参加の制約、福祉サービスの受給の強制、生涯計画の変更など、さまざまな局面で葛藤やスティグマ（stigma）を内在させる。「あきらめ」として現実に追随したり、障害者自身の努力や自己責任において障害と対峙するのではなく、リハビリテーションや「エンパワメント」による主体的な自己の確立、意味ある他者との邂逅（かいこう）、社会資源の開発や社会構造の変革と相まって達成される社会生活行動の確立過程として捉えるべきである。

少し難しいですが、なるほどと思わされる説明です。もちろん、この「障害受容」という言葉は、子ども自身に使われることもありますが、私たちがしばしば耳にするのは、お母さんに向けられた言葉が多いでしょう。「受容ができていないから」とか「受容の問題ね」などという表現で、スタッフの期待に沿ってお母さんが振る舞えない時に使われることも多いように思います。

しかし、それは、決して単純なことではなく、安易に語ったり、求めたりできないと認識することが重要だと思うのです。お母さんたちは、子どものことでいろいろな医療機関にかからなければいけないことになり、当然、さまざまな思いが頭をもたげます。その時に、「このお母さんは、障害受容ができていないからこうなんだわ」というふうに簡単に片づけないで、「いろいろな気持ちになりながら、時には自分の思いに振り回され戸惑いながらも、日々、一生懸命、お子さんのそばにいるのだ」という理解がとても大切です。

このことをもう少し詳しく説明しましょう。

(2) 心の過程

このようなお母さんたちの心情を考える上でヒントになるものとして、キューブラー＝ロスが「重い病気で死が迫った人の心のプロセス」について分析したもの〔1971〕、また、ドローターが「先天性奇形の子の出生に対する親の適応のプロセス」について分析したもの〔1975〕があります。

キューブラー＝ロス：否認→怒り→取り引き→抑うつ→受容
ドローター　　：ショック→否認→悲しみと怒り→適応→再構成

以前、いろいろな文献を調べましたが、この領域のお母さんたちの心情を理解するには、それらの説明ではどうもしっくりこないところがあるため、１９９０年頃に、自作のプロセス案を考え、そのように説明するようにしました。

その前提として、「対象喪失」について説明しておきます。人は、心を寄せる何かを失った時に、共通の心の流れをたどって、そのことを自分の心の中に受けとめていくと言われており、それを「心的過程」「喪《も》の作業（mourning work）」などと言います。そして、「心を寄せる何かを失う」ことを「対象喪失」と言い、その「何か」という「対象」には、「人、もの、場所、自分の一部（能力を含む）、イメージ」の五つがあると言われています〔森、１９９０〕。

まず「人」については、理解しやすいでしょうか。愛する人を亡くすなどの死別に限らず、失恋もそうですし、施設に入所している子どもたちは、お気に入りのスタッフの異動や退職にも大きな喪失感を抱きます。「もの」については、小さな子どもが大事にしていたお人形がなくなったとか、大人にとっては仕事もこれにあたります。ですから、定年後にこういう気持ちの過程になる場合もあります。「場所」については、引っ越し、新たな施設入所、病棟替えなども、同じような心のプロセスをたどります。

それから、「自分の一部」というのは、交通事故で手足の自由を失った場合や、失ったわけではないものの、体の不自由な人が、いざっていたのに自分で移動できなくなることや、半介助で食事をしていたのに全介助になることも、これに当たります。私は、以前は、子どもの名前や家族関係などを詳細に覚えていましたが、昨今では、「初めてお会いするな」と思ったら、ついこの間お会いしていたことがあり、記憶力を喪失したものだとショックを受けて、最初は苦笑していたのですが、だんだん笑えなくなり、複雑な気持ちです。高齢の人の心理には、これと共通する面があることでしょう。そして、最後が「イメージ」です。「こうなるはずだった」と、描いていたイメージが失われる場合です。「五月病」と言われるように、4月に新しい生活が始まって、「こんな学校だろう」「こんな職場だろう」と思ってスタートしてみたら、そのイメージが違ったということで、5月頃にふと抑うつ的になる状態をさします。自分の描いていたイメージを失うということです。

当初、私は、医療的ケアが必要な子どものお母さんたちが失うものは、「母親イメージ」かと思いました。しかし、ほどなく、そうではなくて、おそらくお母さんたちが失うのは、人生全体についてのイメージ、すなわち「自分の人生はこういうふうに流れていって、こういうふうにしめくくるであろう」というもっと幅広いものであると感じるようになりました。子どもの誕生とともに、あるいは、その後の発達の経過の中で、子どもが何らかの医療的ケアが必要

心の過程

無感動：「ボーッと」
↓
怒り　：「やつあたり」
↓
否認　：「ドクター(療育機関)ショッピング」
↓
絶望　：「さめざめと泣く」
↓
～～～　①サポーター(人)②客観視する力が手助けになる
↓
受容　：「障害と認める」×→「この子と生きていこう！」◎
↓
新しい対象の獲得：「これまでと違うことを見つけた」

な状態で過ごすということによって、描いていた人生イメージが失われるのであろうということがわかってきたのです。

その後のお母さんたちの心の過程を、上の図に沿って説明していきます。わかりやすく説明できればと思い、辛辣《しんらつ》で失礼な表現を使いますが、お許し下さい。

お母さんが最初に「どうも我が子に何かあるらしい」と感じ、「これから医療機関に通ったり、リハビリをしたりしなければいけない」と告知されるか、あるいはご自身が察した時に、まず「無感動」になります。つまり、「ボーッと」したような状態です。それはなぜかというと、人の心というのは本当に上手にできていて、とてもショックなことに遭ってとても大事なものを失った時に、心がそのままに感じるとつらくて耐えられなくなるので、まず、ポンと心に蓋《ふた》をして感じないようにするメカニズムが働くのです。そうすると、いろいろなことを感じない、考えないというふうになるので、ボーッとしたような状態になります。

私は、入園の案内をする役割でしたので、お母さんに電話をして、「〈通園〉のことをご紹介しますから、○月○日○時にお会いできますか」というお話をよくしました。そうすると、あるお母さんは「はあ」などと返事をされるので、「ちょっとボーッとされているな」と思っていると、その日の約束の時間にいらっしゃらなかったりします。翌日に「どうされたかと思いまして」と電話をすると、「昨日でしたか?」とか言われたりします。しかし、そういうお母さんが、数年後にものすごくシャキッとして、ご自身の力で歩いていくという姿をよく目にします。そのぐらい最初は心に蓋をしているので、別人のようにボーッとして見えることが多いのでしょう。

しばらくそのように過ごしていくと、最初に湧き起こり戻ってくる感情は、「悲しみ」ではなく「怒り」です。「なんで、私がそういう大事なものを失って、そんな人生になるのよ」というふうな思いでしょうか。ですから、この時期のお母さんは、「やつあたり」が多いように思います。何かと不機嫌に見えます。例えば、「院内処方と言っておいたのに、院外処方になっている」とか、「手の消毒薬をお願いしますって言ったのに、置いてない」など、私たちの不始末に対してたくさんお怒りになります。もちろん、お約束と違うことをして心労をおかけするのは、スタッフとしてあってはならないのですが、意見や指摘にとどまらず、少し驚くほどの激しい苦情や怒りもあり、感情をぶつけられている思いになる時があります。そうなると、「この段階に進んだかな」と私は思います。

それからもうしばらくすると、今度は「否認」という段階になり、「冗談じゃない。私が思い描いていた人生を失うなんて、そんなこと思いたくないわ」と、今、起きていることを認めたくない気持ちになるのでしょう。そうすると、この時期のお母さんは、「ドクターショッピング」や「療育機関ショッピング」をすることがあります。つまり、「あなたのお子さんは治る、歩ける」という意見を持つ専門家を探すのです。あちらこちらを転々とされる場合もあります。そのような時、私は、基本的には、お母さんの行動を止めることは控えます。意見を聞かれれば思ったことをお伝えしますが、今、お母さんがしてみたいと感じたことをすることも大事だと考えています。ただし、いろいろなところがあって、「20万円のお札《ふだ》をおでこに貼っておけば治る」だの、「高額なブレスレットをしておけばいい」などと言われたと知った時は、はっきりと反対します。

ある時、「竹の棒を足に巻いておくと歩ける」というところに2年ほど通ったお母さんがおられました。実際に、自分の子どもの両足に竹の棒をグルグル巻いていたそうです。その竹の棒を足に巻いた子どもが何年かして歩いている映像を見せられ、お母さんはそれを信じて、一生懸命巻いていたというのです。その間、〈通園〉にも通い、帰宅後に巻いていたそうです。そのことをあとから聞かせてもらいましたが、「治る」「大丈夫、歩ける」と言われてお母さんは期待したのだろうと思います。

そこをもう少し進んでいくと、次に「絶望」の段階になります。ある時、「どうもこれが現実らしい」と感じた時に、お母さんたちはさめざめと泣かれます。これは、私たちの目に触れることは少なく、そうでない場所で起きる場合が多いように思います。

ある女の子のお母さんは、私たちのやり方がお気持ちに合わず、たくさん意見をしておやめになりました。あまり近況も伝わってこなくなり、あちらこちら回っておられるのかと思っていたところ、ある時、ふと廊下に出たら、このお母さんが立っていました。私は、「久しぶりにお顔を見られたな」と思って近づいたところ、私の顔を見たとたんにワーッと泣いてしまわれました。お母さんの心の過程を思い、「また、いらしたら?」と言うと、頷《うなず》かれました。

そのお母さんの子どもは、そのあと2年ぐらい〈通園〉に通って小学校に進むことになりましたが、お母さんは、卒園式のあいさつで、後輩のお母さんたちに「皆さんもいろいろな気持ちになる時があるでしょうけど、ご自分も大事にして」と、やさしい言葉をかけて卒園していかれました。式が終わると、お母さんが私のほうに近づいてこられたので、何をおっしゃるのかなと少し緊張しましたが、「先生、私、あの日、久しぶりに〈通園〉の廊下に行った時、先生のお顔を見たら泣いちゃいましたね」と笑っておっしゃるのです。「そんなこともありましたね」と笑ってお返事しました。こんなふうに、お母さんは、ご自分の気持ちの流れをよく覚えていらっしゃるものなのだなと、つくづく感じました。

そんなふうに時が流れて、次にようやく「受容」という気持ちに至るのです。ただ、ここで勘違いしてはいけないのは、それは「わかりました。うちの子は障害と認めます」ということではありません。そうではなく、「いろいろな思いはまだまだあるが、この子と生きていこう」と思えたということなのです。ですから、スタッフとしては、そこのところを勘違いしないようにすることが大切です。「わかったのね。じゃあこうしましょう」などと言うのは、全く違います。そうではなくて、「一緒にやっていこうと思えたの。私も一緒にいるわ」という対応が大事なのです。

そうなると、人というのはとても頼もしい存在で、新しく心を寄せる対象をちゃんと見つけます。これが「新しい対象の獲得」です。これまでと違うことを見つけたという話題が、必ず聞かれます。例えば、次のようなお話です。

「先生、私ね、この子がこんなふうに生まれてきて、まだ今でも幸せだとは言い切れないけど、でも、こういう子がいなかったら知らなかった世界をたくさん知ったわ」

「ほんとのお友達がどういう人かわかったわ。学生時代、いっぱい一緒にいた友達のうち、『病院で、何て言われているの』とか、ゴチャゴチャゴチャゴチャ土足で踏み込むように聞いてきた人は本当の友達じゃなくて、自分が言いたい時に、『いつでも聞くよ』と言って、言いたいところまで聞いて、『またいつでも、いい時に声かけて』って言う友達が、本物の友達だなってわかったのよ。でも、そういう人ってほんとに数少ないわね」

「私は、この子が生まれたから笑っちゃいけない、自分は楽しんじゃいけないと思って生きてきたけど、最近急に、そんなことないんだなと思えて、そしたら、初めて、見たいDVDが心に浮かんだんですよ」

私は、このようなお話を伺うと、「ああ、お母さん、ここの境地に達したかな」と思います。

そんなふうにして、それぞれにいろいろなものを見つけて生きていかれます。このプロセスが、たった1年ですっと進んだように感じるお母さんもいらっしゃいますし、「私は8年半かかりました」と言うお母さんもいらっしゃいます。ある後遺症の男の子を持つお母さんは、「この子をどうしたら、かわいく思えるようになりますか」と10年間、私の心理面接に通われて、「先生、わかりました。もう、かわいくなくてもいいと気づきました。ですからもう来ません」と面接を終えました。ですから、この過程にどのくらいの時間がかかるかについては本当に個人差が大きいので、じっくりとそのお母さんのペースを見守りながらそばにいます。

ただし、この過程の中で、「絶望」から「受容」に移るところについて、ここだけは簡単にはいかない小さな山脈のようなものがあると思っています。この山脈を越えるには、二つの要素があると手助けになります。その一つ目は、サポーターとして誰か人がそばにいること、二つ目は、客観視する力がお母さん自身にあることです。この二つによって前に進みやすくなると思っています。

サポーターというのは、夫、ご自身の母親、夫の父親、お母さん仲間の場合もあるでしょう。「先生方です」と言って下さる場合もあります。身内に限らず、誰か人がいて、一緒に後押ししながら横にいるということなのです。ですから、人を頼る力がうまく身についていない方は、なかなかここが進みにくいこともあります。基本的な人への信頼感は、やはりご自身の幼少期に頼れる大人との間で培《つちか》われるため、そのような存在を持てずに過ごしてきた方は、誰かをサポーターにすることが苦手なようです。人が立ち入れない思いになるような距離を保っているか、あるいは、とてもプライベートなことを誰にでも話すお母さんとお会いする場合などに、そのように感じます。

それから、二つ目の客観視する力についてですが、「否認」の時にお話しした竹の棒を足に巻いていたお母さんは、「やっぱりこれじゃ駄目だ」「これで歩けるはずがない」と、どこかで客観的に思えたのでしょう。そう思えた時に、「やっぱりコツコツと〈通園〉に通おう」と、ご自分の気持ちを切り替えられたので、その話を聞かせて下さったのだと思います。ですから、いろいろなことを客観的に見る力は、このプロセスが進む上でとても大切なことなのです。

(3) 心の過程は新たに繰り返す

これまで述べてきたように、いろいろな思いとつきあいながら心が次の段階へと進むわけですが、それでおしまいではないということが大きな問題なのです。それは、決して単純なものではなくて、子どもの発達年齢に応じて、対象喪失感情が新たに生じるのです。ですから、ようやく、「新しい対象の獲得」まで来たつもりなのに、また初めの「無感動」に戻ってしまい、心が解放されにくいのです。

例えば、ヨチヨチ歩きの子どもと手をつないで陽だまりを歩いている親子を後ろから見て、「ああ、我が子は生涯歩けないだろうな。私は、あのような親には決してなれないだろうな」などと思って、がっかりしてしまいます。また、「もうすぐ小学校で、いとこがランドセルをピンクにした」などと聞こえたりすると、「うちは特別支援学校だから、車椅子が不安定にならないように布袋をと言われて、ランドセルの色を選べないな」と思ってまたがっかりしてしまいます（近年は、学校からそのような制限を言われなくなり、軽量で開け閉めしやすいランドセルが手に入るようになりました）。「乳歯が抜けて、大人の歯になる」という話を聞くと、「うちの子はチューブ栄養でそしゃくしていないから、あごが狭くて大人の歯が生えてくるとがたがたの歯並びになってしまうのが怖い。大人になることを喜んであげられない」と、また、がっかりしてしまいます。

さらに、あるお母さんの言葉で私が忘れられないのは、小学校3年生で後遺症のある女の子のお母さんなのですが、「同窓会が嫌だ。同窓会って子ども自慢みたいだからね。まあ、だいぶ心も癒えたし、弟の話でもしてごまかそうと思って出掛けていったら、友達から『私、今日、娘に、お米といでおいてって言ってきたから、ちょっと長くいられるわ』って言われたの。うちの子は、絶対お米がとげないから、私は娘がいるのに『お米といでおいて』と一生言えないと思ったら、ドスーンときて寝込んでしまった」と話されました。

中学校の制服を着た子が早い時間に街中《まちなか》を歩いていれば、中間試験中と知って、「ああ、特別支援学校は中間試験ないな」と思い、「娘さんに恋人ができた」「結婚するらしい」「孫が生まれた」など、「自分はそのような経験ができない」と喪失感情が新たに生じるわけです。

せっかく、気持ち新たに過ごそうとしたにもかかわらず、同じような年代の子どもを持つお母さんたちが体験していることを、「ああ、それは今の私の人生にはないな」と感じて、心に蓋をして過ごさないとつらくなるのでしょう。ある高齢のお母さんは、友達から「私が倒れたら娘が飛んできてくれてね。お医者さんの説明が難しくてわかんなかったから、聞いてもらって助かったわ」などと言われると、「私はこの子がいるから、倒れるわけにはいかない」と、何とも言えない気持ちになるそうです。

極めつけは、入所している50歳を過ぎた男性のお母さんで、80歳を越えていて、いつも廊下で会うと、「先生、元気でやってるの？」「しっかりやってる？」などと、はっぱをかけて下さる方のことです。そのお母さんが、ある日、お子さんのベッドの脇で、ポロポロポロポロとめがねの内側が白く曇るほど泣いておられました。私は、何が起きたのかしらと思いながら、お母さんの横にしばらく黙って立っていました。そうすると、お母さんがやっと泣きやんで、「あのね、親友が亡くなったの」と言われたのです。「ああ、80歳過ぎまで一緒に過ごした親友が亡くなるというのは、長い人生を共にしてきていろいろな思いだったんだろうな」と思って聞いていたら、また泣いてしまわれたのです。ですから、私は、まだお話の続きがあるのだろうと思って黙ってそばにいました。

すると、ようやく泣きやんで、「葬儀のお棺が出て火葬場に行く時に、親友の息子さんが『今日は私の母のために、皆さん、お忙しいところありがとうございました』とあいさつをしていました。私の息子はここでベッドに寝ているけど、『私が死んだ時、誰があいさつをしてくれるの？』と思ったら、もう涙が止まらなくなった」とおっしゃいました。そのような思いのままセンターに来て、ずっと息子さんを見つめていらしたのでしょうか。いつも「先生、元気？」とおっしゃるお母さんが、たくさん年を重ねても、そんなふうに自分の子と同じ年代の親友の子どもの姿を見て、「もし、この子がこうでなかったら、こんなことができた人生のはずなのに」という思いになり、その都度、限りなく喪失感を繰り返されるのだと思います。

ですから、私たちは、そういうお母さんたちを相手に、ましてや、まだ数年しかたっていない間に、「障害受容ができたの、できないの」などとは、決して言えないと思っています。そして、決して安易に語ったり、求めたりできないと理解しておきたいと思います。

このことを何回となくスタッフ向けの講習会でお話ししてきましたが、その終了後に複数の方から、「私はスタッフですが、重症の子どもの親でもあります」と、声を掛けられたことがあります。「そうだな、そのとおりだなと」「自分はよくやってきたなと思いました」などと伺い、これでよかったのかと思い、この内容を伝え続けています。

3　お母さんの心情の個別性を形成する要因

これまで述べてきたお母さんの心情の理解は、共通して心しておきたい内容でした。次に、お母さんの思いがそれぞれに違うのは、どのような要因が関与しているかということについて考えていきたいと思います。個別性というと、まずパーソナリティーが思い浮かびます。これは、その人に特有な行動の仕方を規定している力ですが、そうでありながらも、気持ちや体の調子、そして環境によって変わりうるもので、そのようなパーソナリティーを形成すると思われる要因や背景を含めて理解する必要があります。ここでは、いくつかの典型的と思われる要因について述べていきます。

(1) 育ってきた歴史

一つの要因は、お母さん自身の育ってきた歴史です。これはとても大きく影響します。例えば、「私、もうこの子を育てられません」と、いわゆる育児困難を訴えるお母さんがいらっしゃいます。その多くのお母さんが、ご自身が「大事に育てられた」というイメージを持っていないように感じます。あるいは、お母さんの子ども時代に、自分の親が、発達に遅れのある人たちを非常にさげすむような目をして発言をしていたという記憶を持つ場合もあります。ですから、「自分の娘には何も買ってくれないけど、発達に何も気がかりのない妹の子どもには、いっぱいおもちゃを買ってくる」などと明らかに分け隔てをした接し方をされて、お母さんが自分の子どもを受けとめにくい場合もあります。

親子遊びと言われても、遊ぶのが上手なお母さんもいれば、苦手なお母さんもいます。「子どもの頃、お母さんとどんな遊びをした？」と尋ねても、思い当たらないという場合もあります。やはり、自分が育ってきた過程でどういう体験を持っているかということは、大きく影響すると思いますし、それは当然のことです。それを前提に支えていかないと、ずれることになります。

子どもを虐待したお母さんたちに自分の親との関係を聞いていくと、虐待された体験が見えてくると言われます〔信田、２００１〕。虐待されたお母さんの心の傷が癒えないまま子どもを育てることになった時、抑えきれない怒りや複雑な感情が子どもに向かってしまうこともあるでしょう。そのようなお母さんが、医療的ケアが必要な子どもを育てて生活していくには、とてもエネルギーが必要です。眠らないと腹が立って叩いてしまったり、そのままにして出かけてしまったりすることもあります。子どもたちは、言葉で抵抗することは難しいのですが、原初的コミュニケーションで触れたように、お母さんの気持ちを鋭く察知します。そのため、お母さんの感情がこみあげていると、顔を見ただけで頭突きを始めたり、どこから出るのかと思うような大きな声を絞り出したりして、いっそうお母さんの気持ちを掻きたてることもあります。訪問看護師が訪ねると、お母さんの姿がなく、子どもだけが残されていて、施設入所の手配が必要となる場合もあります。

その一方で、自分の虐待体験を懸命に意識して、連鎖を断とうとするお母さんもいらっしゃいます。あるお母さんは、両親が幼い頃に離婚して父親の面影がほとんどなく、母親からは身体的・心理的な虐待を受け、家事を教わった思い出や家族の団らんのイメージが持てなかったそうです。そのため、自分の家族を持つことが不安だったために、暖かな家族を描いた童話をむさぼるように次々と読んで、自分なりの家族イメージを心に描いたと話されていました。

歴史としての事実と、そのことの影響は、たくさんの絡み合った要因のダイナミズムの中で変わりうるものです。「そういう経験があった」から、「こうなる」ものではなく、「そのことが力になって今がある」こともあります。ですから、歴史としての事実を理解しつつ、お母さんが無理をせずにできる形で子どもにかかわれるよう、サポートする視点が大切です。

近年、アメリカで行われた大規模なリサーチ研究があります。「逆境的小児期体験研究(Adverse Childhood Experience Study)」と呼ばれ、1万7000人を超える成人を対象とした調査です〔ドナ・ジャクソン・ナカザワ、2018〕。虐待を受けたことも含め、親の離婚や別居などにより親の存在を失った場合や、家族にアルコール依存症や薬物使用があった場合など、子ども時代に「逆境的体験」をしたことが、その後にどのような影響を及ぼすかという研究です。これまでも、子ども時代にそのような体験をした人が大人になり、子どもの親になった時には、複雑で重篤な影響があるということは認識されていました。しかし、この研究からは、対象とした成人の三人に二人は少なくとも一つの逆境的体験を経験しているというほど一般的であり、その体験が多い人ほど、精神疾患に加えて内臓疾患とともに肥満、運動不足、骨折などがあったという結果でした。

そのようなお母さんのもとに医療的ケアが必要な子どもが生まれた場合、日々の生活には緻《ち》密《みつ》なタイムスケジュールが求められます。チューブを使った食事の注入は、胃での消化時間を考慮すると何時間おきであるとか、薬は何回に分けてとか、細かなことが求められます。医療的ケアをする際には、清潔を保つためにお母さんの手を消毒するなどの手順もあります。お母さんなりに「懸命」ですが、自分の生活リズムや体調管理も大変で、時には気晴らしに出かけたくもなります。訪問看護師など家庭を訪れることのできるスタッフと連携して支え、子どもの笑顔など、目に見えやすい手ごたえが得られるよう、根気強く見守る必要があります。育ち方というのは、お母さんの心情の個別性を理解する上で大切な要因の一つだと思います。

(2) 子どもへの期待と仕事との関係

次の要因は、その時期に子どもが生まれることを期待して迎えられたかということです。いろいろな医療技術が高まったので、期待して出産した高齢の方もいらっしゃれば、「もう、この夫と別れよう」と思っていた矢先に気がついたら妊娠していたので、仕方なく別れずに産んだところ、医療的ケアが必要で病院通いも多く、自分は働けないし離婚もできないというお母さんもいらっしゃいます。子どもへの思いには、当然、差が生じます。

4歳になる男の子のお母さんは、服飾関係の仕事をバリバリしていて、もうすぐ独立して店舗を構えようかという時に妊娠していることがわかり、切迫早産になりそうと言われて入院しました。仕事が気になっていろいろと電話連絡をしていたら、看護師から「どうして寝ていないの」と怒られ、そんなことをしているうちに妊娠7か月目で早産になり、子どもがNICU（新生児集中治療室）で過ごして、そのあと療育機関に通うようになり、気がついたらうやむやに仕事が続けられなくなっていたというのです。

そのお母さんが私に話された相談の主訴は、「この子が私の仕事をとったという気持ちが自分の心からぬぐえないから、それをどうにかしたい」ということでした。「仕事か子どもか」というのは簡単には天秤にかけられず、どちらも大事で比べようがないものです。その辺のお気持ちをゆっくり聞きながら時間を過ごしました。ですから、出産を期待していても、時として、お母さんたちの気持ちは非常に複雑な場合もあるのです。

お母さんの中に、「看護師をしていました」と話される方は少なくありません。そのため医療的ケアについては「素人ではない」と思う方がいらっしゃるかもしれませんが、そうとは言えないのです。私は、「自分の持つ専門性は、家族・親族にはうまく働かない」と思っています。専門家としていろいろな知識はありますが、家族・親族に対して客観的になることは難しいことなのです。何の職種であっても、やはり自分に関して起きたことについては、「素人」の気持ちと共通すると思います。かえっていろいろな症例を知っているがゆえに予後をいっそう厳しく予想してしまうことや、医療機関内の裏事情も知っているだけに感情が複雑になることもあるのではないかと感じます。もちろん活かせることも多いとは思いますが、簡単に利点とは言えないかもしれません。

(3) 医師からの説明のされ方

次の要因は、医師から医療的な説明をどのようにされた経験があるかということです。これも、とても影響が大きいことです。私は、お母さんたちからいろいろな切ないお話を伺う役なので、びっくりするエピソードを聞くことがあります。

ある医師から、「おたくのお子さんの病名は○○ですね」と聞き慣れない診断名を挙げられ、「ああ、確か1歳前と4歳で死んでいます」と言われたというのです。そうすると、お母さんは、1歳までの1年間はいつ死んでしまうかとビクビクして過ごされたそうです。その後、4歳の1年間も同じように落ち着かない日々でした。今、この子どもは20歳を過ぎています。そのような2年間の日々は、いったい何だったのだろうと思います。そのように、最初に医師にどのようなことを言われ、どのように受けとめたのかによって、お母さんの思いや生活が大きく変わります。

ある6歳の女の子のお母さんは、その子が2歳の時に、医師から「立派な学校には行けないでしょう」と言われたので、2時間半かけてリハビリをはしごして暮らしたそうです。それが今は、「私は、時間を、この子の2歳の時にリセットしたい。そこに戻って、もっと遊びとか心の育つことをしてあげたかった。あの時、お医者さんに言われた言葉がすごく怖かった」と話されました。

また、ある医師が、お母さんが私に説明した内容について、「そんなつもりで言っていなかった」と話したことがありました。そうだったのだろうと思います。不安な心で聞くと、いろいろな表現が別の方向に解釈されるということが起きやすくなります。しかし、そのような脈絡で伝えたつもりではなくても、少なくとも、お母さんの心にそういう思い出として残ったことが、とても子育てに影響すると思います。だからこそ、私たちスタッフは、お母さんが聞いた内容をどう受けとめたかについても、耳を傾ける必要があります。もちろん、医師の言葉に励まされて勇気を得て、落ち着いて子どもに接しておられるお母さんにもたくさんお会いしてきました。

私たちは、お母さんと医療機関との間にそのような関係があったという事実を知っていれば、もし、自分の医療機関でお母さんにとって意に沿わないことが起きて、「だから、病院は嫌よ」と言われた場合も、そこでは、過去の外傷体験が重なり合っていることを意識することができます。以前の関係を癒やして、そして、私たちとの関係を作り直すという作業をする必要があります。そのためにも、過去に医師との関係で何かあったことを語れるような関係をつくっておきたいと思います。「実は、こんなことを主治医の先生に言われたことがあって」と、お話し下さる時は、きっとお母さんにとって、すでにもうスタッフはそのことを告げてもいい存在になれているのです。

心理担当者の研修会で、「どうすれば、お母さんから聞かせてもらえるものですか」と質問されたことがあります。しかし、この場合、スタッフがそのような存在になれるのは、特にそれを意識したからではないように思います。

例えば、医師から、「検査上は見えていません」「聞こえているか、はっきりとしません」「生涯、笑うことはないでしょう」などと言われていても、一緒にそばにいると、そう思えないことがあります。気休めや主観的すぎる言動は控えますが、子どもたちは若いので、脳が補うように育ってくる力は、時として予測を超えることがあると実感します。

だからこそ、目の前の子どもたちの可能性を感じつつ活動を積み重ねているうちに、ふとこちらを見たり、音に合わせて体を動かしたり、ほほえむような表情が見られることがあるのです。そのようなスタッフの姿を見ているお母さんとしては、「医師からこう言われているから、期待しないつもりなのに……」と、封印したような思いで見ておられる場合もあるでしょう。しかし、コツコツとスタッフがかかわり続けることで、子どもたちが力を発揮し始めると、「実は、生まれた時に医師からこう言われて……」と聞かせて下さるのではないかと思うのです。

(4) 育児サポーターの有無

次に、育児サポーターがいるのかいないのかという問題です。この章の「心の過程」の説明の中で、サポーターと客観視する力の二つがあると受容の段階に進みやすいと述べました。心を寄せて、安心して話せる人がいるかどうかは、とても大切なことです。

入園時の面接でしばしば私がする質問の一つに、「お母さんにとって、ありのままの気持ちを正直に伝えやすいのはどなたですか」というものがあります。そうすると、一生懸命考えて間《ま》が空いて「ウーン」と言う時は、かなり孤独かなと心配します。即答で「夫ですね」と言う時は、ちょっと安心します。「いろいろ考えると姉かな」なんて言う時は、いろいろと複雑な思いがある中でも支えられているなと思います。「全然、親戚じゃないんですが、隣のおばさんがけっこう親身で」と言う方もいらっしゃいます。とにかく、誰かサポーターがいるということが、とても大切なのです。もちろん、お一人で社会的資源を活用しながら上手に過ごしている方もいらっしゃいます。

医療的ケアが必要な場合の育児サポーターとはどんな存在だろうと、あらためて思います。もちろん、医療的ケアを「代わりに担う人」は貴重です。しかし、長い経験の中で思うのは、たとえケアを代わってもらえても、「それ以上は何も期待しない」と、自分に言い聞かせていらっしゃる場合もあるということです。お母さんにとっては、もっと心の機微を理解して一緒に悩み、心配する存在が求められていると思うのです。命への心配が続いていると、医療スタッフのさりげない一言が刻々と心に波紋を広げ、不安が募ります。その場面を共有していないと、どんなやりとりだったのか、なかなかわかりにくいこともありますが、わかろうとする姿勢を持って、話を聞いたあとに「そんな思いだったのか」と理解できることが、育児サポーターには求められていると感じます。

(5) お父さんとの関係

お父さんとの関係は極めて重要です。お父さんにもいろいろな個性があります。もちろん、お話を伺ってホッと心が温まるような頼りになるお父さんもたくさんいらっしゃいますが、実にいろいろなお父さんの個性が見られます。私は、切ないお話を聞く役が多いので、その経験から、そんなお父さんもいらっしゃるのかと思わされます。人の心というのは、さまざまな要素が混ざり合っていて、それぞれのお父さんを簡単に分けることはできないのですが、少しわかりやすく類型的な形で説明します。失礼な言い方になりますがお許し下さい。

まず、「共感性欠如」タイプのお父さんがいます。ある1歳の男の子は、口から物を食べると誤嚥性の肺炎になってしまうので、チューブを鼻から胃に入れて栄養を取るために、チューブを鼻の脇でばんそうこうで留めています。お母さんは、子どもをバギーに乗せて買い物に行くと、すれ違いざまに覗《のぞ》き込まれてとても心が落ち着かないので、あまり外出をしないようにしていました。

ある日、冬にしてはとても気持ちのいい陽ざしの日で、意を決して子どもと外出したそうです。そうすると、お母さんの表現によれば、「どこかの知らないおばさんが、うちの子のバギーを覗き込んで、そのあと私の顔をジロリと見て、もう1回子どもの顔を覗き込んで黙って立ち去った」のです。お母さんは、とても不愉快になって傷ついて、「一生懸命、意を決して外に出たのに、なんであんなことをされなければいけないんだ」という思いをお父さんに訴えました。すると、お父さんがニッコリ笑って、「気にすんな」と一言で終わったそうです。

それでお母さんが嘆いて、私に、「こんなに私がショックだったのに、全然わかっていない」とおっしゃるので、「お母さんは何と言ってほしかったの？」と尋ねたところ、「そりゃあつらかったなって言ってほしかったですよ」とおっしゃいました。「じゃあ、そのようにお父さんにお話ししましょう」と勧めました。実際、お母さんは、お父さんに「つらかったなと言ってほしかった」と伝えたそうです。そうすると、悲しいことにまた同じようなことが起きたのです。そして、お父さんに再度訴えると、お父さんはニッコリ笑って、「そりゃあつらかったな」とお返事して下さったというのです。

しかし、ちっとも気持ちがわかってもらえた気がしなくて、お母さんはがっくりとした様子で、私にそうおっしゃるので、「お母さん、やめましょう。お父さんは楽観的で、悲しい思いのお母さんに共感するのは難しい。だから、それはお父さんには求めないでおこう。でも、お父さんが明るいことによって救われていることがいっぱいあるので、そこを大事にしていこう」という話をしました。

次に、「封建的思考」をするお父さんです。お母さんが40分もかけて子どもにご飯を一生懸命食べさせている間、平気で横で新聞を開いて見ていて、「下手だな」「お前がばかだから上達しないんだよ」と言われてしまうというのです。いつの時代かなと思いますが、今の時代の出来事で、お母さんは言い返すこともせず、諦《あきら》めたように嘆かれます。

それから、「DV（ドメスティック・バイオレンス）」、つまり配偶者間の暴力です。お母さんからお父さんへの暴力もありますが、ここでは、お父さんからのことについてお話しします。これは多くの場合、お父さんが二相の人格を持っていて、外に見せる顔と家庭での顔が全く異なっています。

あるお父さんは、〈通園〉に子どもを抱いて連れてきて、横にお母さんが立っていて、私に「先生、いつもお世話になっております」と言ってニコニコあいさつされますが、うちに帰ると壁に穴をあけるし、お母さんを蹴とばすし、別人格のようです。初めはなかなか気づかずに過ぎてしまい、ある時、訪問看護スタッフから、「どうも変だ」とお話があってわかりました。

また、あるお母さんが肋骨を骨折されていて、「階段から転んだ」とおっしゃるので、心配してしばらく黙っていると、「実は、蹴られた」と聞かせて下さったのです。「何かあるのではと、ずっと心配していました」とお伝えして、お母さんのお気持ちを大事にしながら、少しずつ支援の関係者を増やして対応しました。

私は、若い時に失敗例があって、お母さんがあまりにひどい目にあっているので自分がたまらない気持ちになって、「もう離れたほうがいい」と言ってしまいました。すると、お母さんは寂しい顔をして、「先生は、ほんとにわかっていないですね。こんな重い医療的ケアが必要な子を連れて、どこへ行けると思うんですか？　働けないし」と言われました。ほんとに浅はかだったと思いました。耐えられないのは私だったのでしょう。

また、一生懸命親子を逃がして、その直後に子どもが亡くなったこともありました。環境の大きな変化に、心身ともについていけなかったのかもしれません。また、病院経由で、逃げた先が見つかってしまったこともあります。ＤＶ専門の相談所やシェルター、警察や弁護士など、さらに幅広く力を合わせる必要があります。

次に、お父さんが「抑うつ状態」の場合です。そういうお父さんを気遣いつつ、お母さんは医療的ケアが必要な子どもを育てるわけですから、非常に大変なことだと思います。お母さんは、自分が働きたくても働けない状況で経済面の心配もしなければならず、お父さんを責めずに対応しながらも、もどかしさや先の見えなさで疲れきってしまいます。

お父さんのクリニック受診を勧めますが、難しいのは、一般のクリニックの精神科医は、医療的ケアが必要な子どものことをあまり知らないことが多く、うまく思いが伝えきれない点です。そのため、お父さんが日々どのような生活の中で不調になっているのかという点が理解されにくいのです。もちろん、精神病理の専門家ですので、薬を出すことを含め、医師ならではの役割は貴重です。しかし、お父さんが助言をすぐに受け入れて受診するとは限りません。家族が受診してかかわり方や誘い方を相談することもできますので、お母さんが家族として受診されることもお勧めしています。

受診してもお父さんの気持ちが医師にうまく伝わらない時は、私がお父さんに会ってお話を伺うこともあります。面接が続くことはほとんどありませんので、あまりお父さんの助けにはなれていないと感じます。しかし、一度お父さんにお会いできると、それ以降、お母さんとお話ししている時にイメージも湧きやすくなるので、お母さんと異なる視点からお父さんを見る手がかりにはなるかと考えています。すぐに状況が変わることは難しく、時間の必要なテーマです。

それから次は、お父さんの「依存症」です。多いのはパチスロ（パチンコとスロットマシーン）という印象があります。あとは、アルコールです。これは、多量に飲まないではいられないというタイプは少なめで、むしろ、飲むとだらしなくなるタイプです。喧嘩《けんか》で警察沙汰になったり、道に倒れて寝ていたり、部屋中を汚したりするような例です。それから、ネット依存症です。アダルトサイトなどの高額サイトで費用がかかり、カードローンで自己破産になってしまうこともあります。コスチュームの収集癖なども、経済的な問題につながります。

このような場合の特徴は、お母さんだけを見ていると、スタッフの助言をさっと理解されて医療的ケアの手技をこなされ、お母さん仲間とのおつきあいもとても上手で、健康度が高い方が多い点です。ですから、スタッフは、家族内に気がかりがあるとはなかなか気づきません。しかし、子どもとの関係ではそのように振る舞っておられるのに、ふと、どこか寂しげに考え込んでおられる時があったら、このことがあるのでは、と心配になります。すらすらとお話し下さることはなかなかないのですが、「最近もお父さんはお忙しいのかな？」などと声を掛けると、懸命にお父さんのことは心に仕舞っておられるためか、急にお父さんのことを尋ねられ、ハラハラと涙されてしまうこともありました。「何かあるのだろうとずっと心配していたのよ」と声を掛けると、ようやく具体的に聞かせて下さったことがあります。

　このような「依存症」が疑われるお父さんも、二相の人格を持っている場合があるのでしょう。原家族（自分の育った家族）との関係もあるのでしょうが、もともと誰かに依存して過ごしたい願望があり、それでも結婚するまでは、社会的にそれなりの地位にいて、頼りがいがあるように見えます。外では理解力や包容力があるように振る舞えても、健康度の高い妻に自分の母親の役割を期待して結婚した面もあるのではないかと思います。

　そこに、医療的ケアが必要な育児が始まると、もう、お母さんは子どものお世話に懸命ですから、お父さんの期待どおりにはいかず、妻に依存したい気持ちがかなわなくなります。すると、暴力には出ないものの、物への依存が顕著になってしまうのではないでしょうか。お母さんは情けなくてなかなか口に出せない思いでしょうから、秘密を守りながら支えていくことが大切です。これも、決して急がず、長い時を重ねて支えていくことが必要です。

(6) 祖父母など親戚との関係

卒園して何年もたっているのに、変わらずに年賀状を下さるおじいさん・おばあさんがいらっしゃいます。通園の際に送り迎えして下さり、運動会では応援して下さった方たちです。お父さんのご両親で、お母さんをいつも気遣っておられました。

一方、「これまで何でも話し合い助け合ってきた母娘なのに、子どもに医療的ケアが必要になり、『こういう子はわからない』と言われて孤独になってしまった」と話すお母さんもいらっしゃいます。もともとあまり頼れなかったのなら気持ちの整理もしやすいのに、突然、一人で取り残されたような気持ちになったそうです。確かに、微妙な角度でチューブを鼻に入れないとうまく痰《たん》がとれず、お父さんからもできないと言われ、訪問看護スタッフが唯一、交代してくれる存在です。誰のせいでもないのでしょうが、難しい関係になります。

祖父母が年齢を重ねて体調に心配がある時には、お母さんたちは思うように動くことができません。祖父母の検査や入院、手術など、そばにいたくても毎日の生活に精一杯で、子どものケアを交代してもらえる人が限られていると、さらに動けません。ショートステイなども社会資源としてはありますが、冠婚葬祭の時に利用できると言われていても、実際は1か月以上前に予約しておくことが必要であったり、細かなケアの仕方を伝えておくためのやりとりにも時間がかかったりします。まずは体験的に利用して、その後まとまった利用が可能と言われる場合もあります。あらかじめわかっている行事などはともかく、急な介護や葬儀の際の利用はかなり難しいのが実情です。遠方ならなおのことです。

さらに伺っていて切なく感じるのは、祖父母の介護の重篤化に伴って、親戚から、「病院とのやりとりは慣れているでしょう」「胃ろうのことは詳しいでしょう」などと、医療機関とのやりとりを任されてしまうことです。確かに、日々の医療的ケアには詳しいです。実際、ほかの身内の方にはわからないことだらけです。しかし、普段は全くと言っていいほど関心も示さず気遣いもない中で、そのような時ばかり声を掛けられるのでは、頼りにされているという気持ちにはなれないでしょう。この役割をきっかけに親戚から敬意を持って接せられるように、関係が変わってくればと期待します。

(7) お母さんの体力や病歴など身体面の状態

子どもの睡眠・食事・排泄など、生活リズムができているかどうかは、お母さんには精神的にも体力的にもとても大きな問題です。その意味で、お母さんの体力や病歴などの身体面の状態も、個人差を分ける大きな要因の一つになります。今の年齢だけではなく、例えば、学生時代に運動部に入っていたかどうかも、一つの指標になります。あるお母さんは、子どもは不眠が続いているのですが、とてもテキパキと動いてフットワークがよく、「学生時代は何部に？」と尋ねると、「バスケです」とお返事があり、なるほどと思いました。

また、20歳代のお母さんと40歳代のお母さんとでは、やはり、睡眠不足に対する強さが明らかに違うように感じます。「3、4日寝なかった」などと長引いてくると、グッと差が出てきます。この点では、なるべく看護スタッフにも関与してもらい、配慮していきたいと思います。特に、お母さんの病歴の聴取は大事なことだと思います。

私の気が回らずに後悔していることがあります。あるお母さんは、いつも正座をしていて、子ご丁寧な方なのかと思っていたのです。親子活動では、お母さんも一緒に動くことが多く、子どもを抱いて滑り台を滑ったり、ブランコでは大人の足の間に子どものおしりを落として乗るほうが子どもにとって姿勢が保ちやすいので、そのようにお願いしたりします。そうして何も気づかずに過ごしてきたら、股関節の具合が悪くて正座しかできないということを卒園間際に語られました。それを知っていたら、もっと楽な姿勢で子どもと遊べるアイデアをPTに教わったのにと、とても悔やみました。

別のお母さんは、「実は、私、17歳の時に乳がんだったんです」と、かなり時期がたってから聞かせて下さいました。子どもを抱く時に皮膚がつったりしたかもしれません。それ以降は、入園の時点で、子どものことのみではなく、お母さんの病歴なども、看護スタッフに把握してもらうようにお願いしました。

また、夏の特別活動で、「お母さんの健康相談日」を設け、「お母さんの腰痛対策」と題してPTによる講義と実習をするプログラムを行ったことがあります。お母さんは、自分のことはいつも後回しです。「子どもが小学校に入って自分の時間ができたら、まず何をする？」と聞くと、よく、「歯医者」と言われます。お母さんたちは、ご自身の不調に気づきながらも子どもたちを優先して、歯を食いしばって過ごしている場合もあり、歯を悪くしている方がたくさんいらっしゃるのです。ですから、そういうことを含めて、子どもに加えてお母さんの身体面にも配慮していきたいと思います。さらに、お母さんの「精神面の状態」も大切ですが、次の章で、各論として考えていきます。

4　家族とのコミュニケーションで大切にしたいこと

これまで述べてきたように、家族の個別性にも配慮しながら、どのようにコミュニケーションを図っていくかについて、いくつか視点を挙げていきます。

(1)「カウンセリング・マインド」について

まず、「カウンセリング・マインド」という言葉があります。これは、学術用語ではありませんが、人間関係を大事にする姿勢といった意味の言葉で、気持ちを表現できる関係を持ち続けるためには、「ふれあい」と「つきあい」が大切です。

まず「ふれあい」について考えると、これは、相手が安心して自分を表現できるような関係ということで、そのためには、時間・空間・位置関係も重要です。

心理面接では、面接の時間をどのように使えるのか、お母さんと面接者双方が共通に認識していることを重要視します。つまり、「何時から何時までお話しできます」という枠組みが明確になっているということです。例えば50分の面接の中で、ぎりぎり終了間際に核心に迫る内容が話され始めた時、面接者としては、もっと続きを聞きたい気持ちになります。しかし、時間枠を守るという原則からは、話が途中でも面接を打ち切り、「そこはとても大事なので、次回続きを伺いたいと思います」と言わなければいけません。

それは、今回の面接では、まだお母さん自身にその核心に触れる心の準備がなかったとみなされるからです。「言おうかな、やめておこうかな」と、ぎりぎり終了間際まで迷っていたのかもしれません。私たちが大切にしたいのは、自分の気持ちを自分で見つめ、信頼できる人に言葉で伝えることによって自分の気持ちを整理するというプロセス自体です。決して、私たちが情報を得たり、ましてや言わせたりすることが第一義ではないので、次回の機会を待ちます。終了間際まで言わなかったことに意味があるのです。

心理面接でない場合は、そこまで厳密である必要はないかもしれません。しかし、お母さん

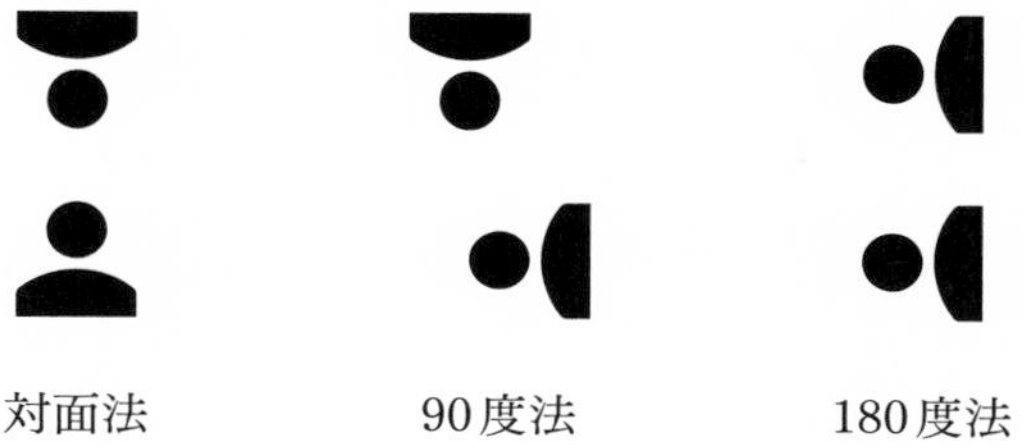

がたくさん話し続けている時に、終わりの時間を急に告げられると、ぷつんと切られた思いになるでしょう。また、スタッフ側も、行かなければいけない時間が迫ってくると、とても落ち着かず、困ることがあります。お互いが共有できる時間を対等に承知し合うためにも、「あと5分大丈夫です」などと告げておけるといいかもしれません。

　空間については、プライバシーが守られ、安心できる場所が望ましいのですが、時として制約があるかもしれません。それでも可能な限り人が行きかう場所を避けるとか、人目に触れる側にスタッフが顔を向けるなどの配慮をしたいと思います。

　位置関係は、面と向かった対面法より、90度法のほうがお互いに視線を合わせたり外したりが選べるため、双方にとって間合いをとれ、落ち着けます。時には、横にならぶ180度法も相手の思いに近づきやすい位置関係です（これを「0度法」と表現する考え方もあります）。

　私は、学生の頃から、サイコドラマ（心理劇）という集団精神療法の勉強をしていたので、その後、アメリカの大学院で心理臨床の勉強をしていた時に、ピーター・ローワン氏（エクスプレッシブ・セラピスト）のサイコドラマの授業に出ました。そこでは「補助自我技法」の演習があり、クライエント役とセラピスト役の二人組になって、セラピスト役は１８０度法で半歩後ろに下がり、クライエントの影のように（分身のように）ついて歩きながら、クライエントの動作や視線も可能な限り「なぞる」のです。

その時に、「クライエントはこう感じているのではないか」という気持ちを独り言のようにつぶやきながらついて歩きます。クライエント役は、セラピストの発した言葉で、「そのとおりだな」と思った時にだけ、そのセリフを繰り返す（つぶやく）ように言われていました。何セッションもこの演習を積み重ねましたが、動きや姿勢などの行為を手がかりに相手の思いについて想像する力がトレーニングされたように感じます。

この仕事を始めた頃、私は母子入園病棟を担当していました。今は、お父さんもいらっしゃるので「親子入園」と呼び、親子が短期間入園して、医療面を含めた接し方を集中的に身につける場です。そこでは、病気や事故などいろいろな出来事があって急性期を病院で過ごし、在宅生活を始めたばかりのお母さんたちが、毎日のように涙されていました。臨床家としてまだ駆け出しの私は、見ては申し訳ないような気持ちになり、目を伏せるようにその時を過ごしていました。

そのような時に、カウンセリングの第一人者であるカール・ロジャーズ氏のワークショップに参加する機会を得ました（畠瀬ほか、1986）。その中で、参加者とロジャーズ氏がカウンセリングのデモンストレーションをするセッションがあり、その時に来談者役の人がふと涙したのです。そこでロジャーズ氏が「目がうるんでいますが」と声を掛けたのを見た時、私は驚きました。もちろん、その問いかけは、来談者がそれまで伏せていた思いを語るきっかけになりました。のちのフィードバックセッション（カウンセリングのプロセスについて討議する時間）で、私は元気に手を挙げ、「あの『目がうるんでいますが』という声掛けは驚きました」と発言したのですが、ロジャーズ氏は目を丸くして、「涙は大切な自己表出なのに、どうしてそんなことを思うのか。そんなことを思うあなたに驚く」というようなことを英語で言われました。

それ以来、私は、人が自己表出の一つとして涙することについて、私の前で涙できることは、「ふれあえる」「安心して自分を出せる」ことなのだと思えるようになりました。職場に戻ってから、涙するお母さんに「目がうるんでいますが」とは言えませんでしたが、目を伏せずにそこに居られるようになりました。

次に「つきあい」ですが、これは、役割をわきまえて関係を持つことです。やさしさのつもりで、「抱え込む」「特別扱いをしてしまう」「ズルズル話を聞く」あるいは「秘密が守れない」ということは、専門家としては特に気をつけたい点です。

お母さんがいろいろな秘密を聞かせて下さると、つい「自分がどうにかしないと」という気持ちになり、「抱え込む」危険があります。「あなたにだけ話しますね」と言われると、いっそう一人で抱えがちになりますが、責任も伴います。「このことはとても大事なので、○○先生のお耳には入れておいていいかしら」と、許可を得て共有することが必要です。

とても気の合うお母さんがいらっしゃると、スタッフもうれしくなります。しかし、「特別扱いをしてしまう」と、その後に、そのお母さんがほかのスタッフとの関係をつくりにくくなるかもしれません。時折、「あのスタッフじゃないと嫌だ、あの人はこうしてくれた」などと聞こえることがあります。それは、そのお母さんがわがままであるとか、そういうことではないと思います。特定のスタッフが特別扱いをしたためにそれがあたりまえと感じてしまい、そうでない対応を受けとめられないようになってしまったのではないかと思います。ですから、お母さんのそのような言動はスタッフがつくってしまうと、私は感じています。

「ズルズル話を聞く」ことについては、時間枠の重要性のところで述べたとおりです。

さらに、「秘密が守れない」ということは、なかなか難しい面も含んでいます。私たちは、いろいろな例を知っているので、目の前のお母さんの心配事の手がかりになればと、知っている例を挙げることがあります。その際には、「守秘義務」の原則である「個人が特定されない」範囲で話題にすることが重要です。あまり詳しく言いすぎると、「自分もこのように語られているのか」と、逆にお母さんが心配してしまうことになります。微妙な配慮が必要です。

これまで述べたように、思いはあっても、残念ながら一生背負うことはできないのです。だからこそ、一定の距離を保ちながら、誠実にかかわることが大切です。本当の「やさしさ」とは、相手の存在を尊重して、自分のできることをきちんと見極めることです。

(2)「受容する」とは

次に取り上げたいのは、「受容する」という言葉です。この言葉は非常によく聞かれますが、ともすると「何でも相手が言ったことを受け入れる」「言いなりになる」と勘違いされていることがあり、内容を正確に理解したいと思います。

カウンセリングの入門書〔前田編、１９８６〕では、「相手に積極的な暖かな関心を示しつつ、その発言に対し一定の基準による評価的・選択的認知を行わず、好意的な信頼の感情をもって、受け入れ尊重しようとする態度」と説明されています。大事なのは、「積極的な暖かな関心」「評価的・選択的認知を行わない」「好意的な信頼の感情」の三つです。「この人の思っていることは何だろう」「ありのままに聞いてみよう」そして「今はそんな思いだけれど、きっと自分で歩んでいく力がある人なのだろう」という受けとめ方ともいえるでしょうか。

もう少し説明すると、「評価的認知」とは、相手の言っている内容に対して「いい・わるい」と評価して返すことです。例えば、「もう投げ出したい気持ちになってしまった」と話されるお母さんに対し、「投げ出してもいいのですよ」とか「そんなこと思ってはいけません」など、「いい・わるい」と評価して返事をしてしまうことです。つまり、お母さんがそのような言葉を言わないではいられない気持ちを受けとめられず、内容に返答してしまっているのです。また、「選択的認知」とは、「あっち・こっち」などと選んで意見をしてしまうことです。先ほどの例でいえば、「投げ出してみるのも一つですね」とか「投げ出さずにこうしてみては」などがそれにあたります。

それらのどちらでもなく、「そんな気持ちになっているのですね」と言いたいところです。そのように返事をすると、お母さんがその気持ちの続きを話すことができるからです。これまでも何回となく心の中に頭をもたげながら口にしなかった思いかもしれません。でも、「今なら、この人に言ってみよう」「言わずにおれない気持ちになった」ので、そのような発言をされたのだと思います。そこに、スタッフがよかれと思って評価的・選択的な認知から発言をすると、お母さんは喉元までできた思いを引っ込めざるを得なくなります。ですから、「ああよく聞かせてくれた、続きを聞きますよ」という姿勢で、声を掛けていきたいと思います。

それでは、どのように返すといいのかについて、基本的な面接技法をみてみましょう。

簡単な受容：「なるほど」
繰り返し　：「〜ということですね」
明確化　　：「〜と言いたいのかな」
質問　　　：「そこをもう少し詳しく話してもらえますか」「例えば？」

などの方法があります。それらを用いることで、今やっと言葉にでき始めた気持ちが受け入れられ、もっと気持ちを見つめながら話を続けることが可能になると思います。

私たちスタッフも人なので、急にお母さんの深い思いに触れると動揺します。コツコツと子どもにかかわっていらしたお母さんの内面に、そんな思いがあったのかと言葉を失いそうになることもあります。ですから、慌てて励ますような言葉が口から出てしまいそうになります。そんな気持ちを落ち着けるためにも、多くを語らなくていいと思うのです。

よく使うのは、1番目の簡単な受容、つまり「なるほど」という返事です。私は「そうか〜」と首を縦に振りながら、あまりセリフを言わないことも多いように思います。そうして一息ついて自分自身の気持ちを落ち着かせてから、4番目の質問をすると、もっと内容を聴くことができます。「どんなお気持ちかしら」「いつそんなふうに思ったの」「もう少し聞かせてもらえますか」などです。

2番目の繰り返しも、あまりセリフを選ばすにすむので、とっさに使いやすいという面はありますが、内容を選ばないと強調されてしまうので要注意です。例えば、「もう蹴とばしたくなった」と言われて、「蹴とばしたくなったんですね」と言うと、内容が目立ちすぎますので、「どんな時にそう思ったの」のほうがいいと思います。

そのようにいったん受けとめて、お母さんの気持ちが十分語られたのちに、専門家としての意見を表明することが大事です。これからどうしていけばいいか、手がかりは必要です。もちろん、何を伝えるかについては、専門性の高さや価値観が問われます。しかし、気持ちの表出がないままでは、心の中には思いが残り、応用の効く力を発揮しにくいと思います。

少し応用編のエピソードです。これまでの内容の理解が深まるようにと思い、加えておきます。

小学生になる男の子が亡くなったのです。〈通園〉の卒園生でたくさん思い出があって、かなりの人数のスタッフでお通夜に行きました。私たちは、お香典という形ではなく、小さなお花のアレンジメントを持って行ったのですが、その時に、「お清めの塩」というものを葬儀屋さんから渡されませんでした。

私自身は、それを受け取るかどうかはあまり頓着しないのですが、三日後にそのことを知ったお母さんから電話がありました。「先生方にお清めの塩を葬儀屋さんが渡さなかったと、今知りました。そんな失礼なことになっていたなんて」と、電話口でたくさん泣いておられたようです。保育スタッフが電話に出て、やさしく「お母さん、いいんですよ。お気になさらないで下さい」と、評価的・選択的認知を行って返事をしていました。けれども、お母さんは、「いいんですよ」と言われても悲しくてたまらないので電話を切れず、保育スタッフは、やさしく同じことを言い続けていました。

そのことに気づいた私が電話を代わると、お母さんが私にも繰り返して説明されたので、「お母さん、お気持ちはよくわかりました。その日にお通夜に出向いたスタッフ全員に、私から今のお母さんのお気持ちを伝えます」とお答えしたら、お母さんは、「ありがとうございました。よろしくお願いします」と電話をお切りになりました。つまり、そういうことなのです。やさしさはとても大切なことですが、それとは別の次元で、今お母さんが言わずにおれないことをどのように受けとめるかが重要なのです。

そして、「好意的な信頼の感情を持って受け入れ尊重する」とは、「きっとこのお母さんは、今いろいろなこと言っているけれど、ご自分の頭で考えて整理して前に進んでいく人だろうな」と思えるということです。これが、「受容する」という言葉の意味する本来の在り方です。聞くことだけでもないし、言いなりでもないのです。お母さんの言いたい気持ちを出し切る機会を大事にして、耳を傾けながら、こちらの意見も伝えて、お母さんとの共同作業の場としていくこと、そして、その人の持つ力が未来に発揮されることを信じながら、今を大事にするということだと思います。

さらに、この内容には付け加えたいことがあります。スタッフ向けの研修会で以上のようなことを話した時に、あるスタッフから、「そんなこと面倒くさい。第一、時間がない。自分でもそんなふうに言われるより『だいじょうぶ』と受け流されたほうが気が楽だ」と言われました。そうかもしれません。しかし、このような基本を理解した上で、普段はそのような気持ちを表明することのないお母さんが、やっとの思いで口にした言葉と感じたら、時間を工面してでも耳を傾けてほしいと思う、と返事をしました。

(3)「共感」しようと思わず、「思考傾向を理解」して

相談の場では、よく「共感」や「共感的理解」という言葉が使われます。相手の世界を、あたかも自分自身のものであるかのように感じることを意味しますが、同情（sympathy）ではなく感情移入（empathy）であると言われています。

しかし、心理担当者としての経験を積み重ねるにつれ、「共感なんて簡単にできない」という思いを強く持つようになりました。そして、スタッフ仲間にも、「共感しよう」などとは言わなくなりました。理由は、お母さんたちの気持ちに近づいて耳を傾けてきたけれど、そのままに感じ取ることがとても難しいと考えるようになったからだと思います。「わかるな～」と

はとても言えず、「少しわかる気がする」などとつぶやいているのと思います。知れば知るほどその思いの奥が深く、私の想像を超えたものが感じられるからでしょう。

本当に逆境的な体験をしてその中を生き抜いてきたお母さんたちに、たくさん会いました。実の父親から性的な虐待を受けて育ったお母さんの言動は、とても周囲の人を混乱させる面もありますが、そのことを思いながら解釈すると理解できる部分もあります。私なら絶対にそうしないと思うことをするお母さんに出会って、背景を考えると、そうせざるを得ないのだろうと感じます。激しい怒りを受けとめる若い看護スタッフに対し、怒っているお母さんに「共感しよう」と言おうとは思えません。「共感しなくていいから、このお母さんならそう思うだろうなと思考傾向を理解してかかわっていこう」と伝えると、馴染むように思えます。

(4)「違ったな」と思ったら、次には言えるように

長い経験の中で、「違ったな、返す言葉を間違えたな」と悔やむことがたくさんあります。なにしろクヨクヨしやすい性分なので、ズルズルとずっと悔いています。

ある時、ふと悟りました。「もう口にしてしまったので取り返しがつかない。今の思いを繰り返さないように、間違ったら、次の時はしっかりセリフを用意しておこう」と思えたのです。そう言ってしまった自分は自分なので、今はその力量しかなくて、そうしか言えなかった

わけです。お怒りのお母さんを目《ま》の当たりにしたり、あるいは怒りを表明されなくても静かに落胆されたことが推察されたりする時に、自分が浅い考えだったことに気づきます。

脳炎の後遺症で医療的ケアが必要になった6歳の男の子のお母さんが、もう3年ほど通われていて、毎回の面接で「かわいく思えないのでつらくて、どうしたらいいか」と繰り返し話されました。私はいつも言葉が見つからずにいましたが、ある時、「答えが出ませんね」と答えてしまったことが頭に焼きついています。ちっとも気持ちに即していない言葉で、自分でも情けなく、面接が終わったあとずっとそのセリフを悔やみました。

夜になって、「かわいく思えたらどんなに楽でしょう」というセリフのほうが、少しでも心に近づけたのではないかと思いました。このお母さんには間に合いませんでしたが、この思いを活かして、少しでも進歩して次に向かわなければと、自分に言い聞かせました。

(5) 苦情を恐れず、三つに分けて対応して

苦情は、人から不利益をこうむっているという不平や不満です。突然の苦情には驚くこともありますが、よく耳を傾けて恐れずに吟味することが必要です。いろいろな経験からすると、その内容は、大きく三つに分類できるように思います。

一つ目は、「正当な苦情」です。もっともなご指摘で申し訳ない気持ちになります。陰で言

うこともできるかもしれないのに、よく聞かせて下さったと思う時もあります。改善を求めて、スタッフ側に変わってほしいという思いから、聞かせて下さったのだろうと思います。すぐにスタッフ全体でご意見を共有して改善方法を話し合い、お母さんにその結果をお伝えするように努めてきました。直接に自分が関与した内容でない時もありましたが、「そんなお気持ちにさせたことは、スタッフの一員として申し訳ない思いです」とお詫びしました。

看護スタッフ向けの研修会でこの話をした時に、入所部門のスタッフから質問を受けました。夕方夜勤勤務についたとたん、面会に来られたお母さんから、「どうしてこんなことになっているのか」と苦情を言われ、「自分がしたことではなくて何も答えられなかった」「謝ると、事情もわからないまま過失を認めたことになるし」ということでした。確かに、自分のしたことでないことを急に言われると戸惑いますが、そこは落ち着きを取り戻して、「調べてみます。そんなご心配をおかけしてスタッフとしては申し訳ない思いです」と答えることは大事だと思います。自分で考えても不適切な内容であった場合は、なおさらです。すぐに謝罪の言葉がなかったことで、あとになってお母さんの気持ちをいっそう苦しめた例もあります。

二つ目は、「障害受容」のところで述べた「心の過程」の怒りの時期の苦情です。「やつあたり」などと表現して説明してしまいましたが、複雑な心情がからんで、きつい口調にならざるを得ないのだなと、感じられる場合です。そして、経験上、「先生、あの時はごめんなさい」

と言葉をかけられたり、言葉にはされなくても表情や態度でそのようなお気持ちが伝わってきたりする時は、この二つ目に分類できます。きっとご自分の言動に気づきながらも、そう言わざるを得ない時だったのだろうと感じます。

三つ目は、「具合の悪さが心配される苦情」です。現状とつじつまが合わず根拠が見当たらないものや、初めはキョトンと不思議な気持ちがしてじわじわと心配になるものなどです。

3歳になる女の子のお母さんは、「ここに通っていてもちっとも伸びない、変わらない」と、繰り返し保育スタッフに苦情を話されました。確かに、目に見えてぐんぐんと変わるというわけではありませんでしたが、不安げな表情が減ったり、少し周りを見渡していたりと、誰もが成長発達を感じていました。「こんなつもりでこの活動をしています」と、なるべく解説しながら進めましたが、同様のことが3回も4回も繰り返されました。そして、リハビリのスタッフにも同様に、「していることの意味がわからない、同じことを繰り返している」などと、担当者変更を希望されるほどでした。

しかし、私はお母さんと個別の面接をしていたので、お母さんの生い立ちも原家族への思いも知っていました。ですから、スタッフが変わってもお気持ちは変わらないだろう、むしろ今のスタッフがこの親子にはベストであると考えました。そのため、気持ちがくじけそうになるスタッフにも、お母さんを取り巻く状況を伝えて、「こちらのつもりを繰り返し説明し続けよう」と提案して、担当者たちもそのまま粘り続けました。

その後、2年以上たってから、このお母さんから、「先生、私は先生たちにひどいことを言ったのではないでしょうか。実は、あの頃のことを何も覚えていないのです」と言われました。おそらく、あの頃はこのお母さんは具合が悪かったのだろうと思います。

もうお一人は、なかなか重篤でしたが、私がうまく対応できず悔いている方です。入園して2年ほどたった時に、話があると言われ、時間を用意して面談すると、「ここに入ったら、そうめん流しがあると聞いていたのに、いっこうにやらないではないか」とお怒りでした。私はびっくりしてしまいました。そのような活動はしたことがないが、どなたから聞いたのかなどとお尋ねしてみましたが、明解なお返事はなく、怒り続けておられました。

食べたものが気管支に入ってしまうと肺炎を起こす心配のある子どもたちが多く、実際に食べるという活動はかなり厳選して行っていました。ましてやそうめん流しは発想にもなく、どこから勘違いされたのだろうと不思議な気持ちでした。雨どいを使って転がし遊びをすることがあるので、見間違われたのかなどとあれこれ悩みました。しかし、それから間もなく、このお母さんは精神科に入院されました。気持ちが落ち着かず、そのような話題を通して私に何か訴えにいらしたのかもしれないのに、私は気づけなかったと思いました。

それ以降、びっくりする苦情の時は、まずはうろたえながらも、ほどなく気持ちを取り直して、「具合が悪いのではないか」ということも考えるようにしています。

何回体験しても苦情は得意ではありませんが、恐れずに、そのように三つに分けて考えることで、冷静な自分を取り戻しながら、関係を大事にしていくことができるといいと思っています。

⑹ 代わりに怒っておくなど、カタルシスのサポートを

お母さんたちからいろいろなお話を伺っていると、あまりに理不尽《りふじん》で腹が立ってしまうことがあります。医師の言葉や行政の窓口でのやりとりなど、よくこらえてその場を過ごされたなと感じます。しかし、お母さんたちは、「仕方ありません」「いつものことです」「何か言って変わるわけではないし」「いちいち怒っていたら疲れてしまうので」などと話されます。日々の医療的ケアの中で、睡眠もままならず、できるだけそっと過ごそうとされているのかなとすら感じます。

また、不満があっても、簡単に病院を変えたり引っ越したりできるわけではありません。そのままつきあっていかざるを得ないので、感情を表に出さないように、感じないように、ご自分で工夫しておられるのでしょうか。

ある時、2歳の女の子が、子どもだけで通える地域の通園機関に移行することになりまし

た。この女の子は、いろいろ周りに気づくので泣くことが多く、涙や鼻水で吸引がいっそう頻《ひん》回《かい》になるのですが、移行先の保育スタッフがとても厳しく、泣くことが激しくなったそうです。初めの数日だけでも、お母さんと一緒に通わせてもらえるようお願いしてみて、と助言しましたが、それでも認めてもらえず、毎回泣いているとのことでした。そして、お母さんは、「その先生が怖いので言いにくくて」とも話されました。

私は、若い保育スタッフに、直接その先生にお願いしてみるように頼みました。すると、そのスタッフは、電話で懸命に説明とお願いをしたのですが、「とても怖く言い返された」と報告してきました。私は、そのままその気持ちをお母さんに伝えるよう話すと、お母さんは、「やっぱり怖いって思っていいのですね」と、その地域の通園機関をおやめになりました。

このエピソードは、とても大事だと思います。お母さんたちは、医療的ケアが必要な子どもを抱えながら、現状の選択肢が狭く、相手に対して思いを伝えることを控えておられる場合が多いのです。そのような中で、私たちが直接話をして、怖さを共有体験し、お母さんの分身のように「怖いね」と言うことにより、お母さんが気持ちを表現できる、つまり、カタルシスのサポートができたのではないかと思うのです。そのことが洞察につながって、無理をせず、別の選択肢を考えることにつながったのかもしれません。

お母さんの話を聞いて、「それはひどい」「あんまりだ」などと代わりに怒ると、お母さんはじっとこちらを見ていらっしゃることがあります。少しでもカタルシスになればと思いますが、一方で、注意しなければいけないのは、こちらは勝手に怒って終わりにできても、お母さんたちは、またその人とつきあわなければいけない場合もあるということです。怒るスタッフを見て、「やっぱりあの人は嫌だ!」という感情が強まるかもしれません。そのように、お母さんにとってまたかかわらなければいけない存在に対しては、あまり派手に感情をあらわにせずに、「ひどいなあ」「あんまりだなと思っているよ」などと、控えめに伝えることも意識しています。

第3章　家族の心の理解と配慮

1　抑うつ傾向の場合

この章では、各論として、お母さんやご家族の心の理解と配慮について考えていきます。

私たちは、子どものことを通してお母さんと会いますが、その時点でお母さんの精神面にいろいろな状態が見られることがあります。それは、前の章の「心の過程」でもお話ししたように、子どもの出来事にまつわる心の過程での不調なのか、それ以前から見られているものなのか、簡単には見分けのつかないことがあります。お母さん自身の生育過程のエピソードを聞く中で、おおよその見立てができることもあります。そして、それがどのような類型にあてはまるのかを意識していくと、かかわり方の手がかりが得やすくなるように思います。

その一つは、お母さんの抑うつ傾向です。「産後のうつ病」との関係も考慮に入れる必要があるものの、医療的ケアが必要であるという子どもの発達状態が大きく関与しており、出産から一定の期間にのみ見られるわけではありません。お母さんが非常に落ち込んで涙がハラハラと出てきて、眠れなくなったり食べられなくなったりしていると心配な状態です。基本的には、やはり、クリニックなど専門の医師への紹介が必要だと思いますが、受診への抵抗があり、ちゅうちょしてしまうお母さんもいらっしゃいます。その時に、どういうふうに声を掛けるといいかということです。

まず、お母さんが今の状況を事実として理解しやすいように、ショートストーリーにして伝えることが大切です。例えば、「○○ちゃんの発作がいつもより長く続いて目が離せない時に、お母さんは腰を痛めて思うように動けないし、お父さんは仕事が忙しくていつにもまして帰りが遅い。その上、おじいちゃんの入院でおばあちゃんは助けに来られない中で、お母さん一人で抱えてきて、こんな状態になるのももっともだ！」と伝えます。その上で、「こうなるともう脳の働きの問題で、お母さんの気合いとか頑張りでは切り抜けにくいそうですよ。そうなったら、相談しないほうが損だって言われているくらいで」などと話します。さらに、「お母さんは、もう十分やってきて疲れ果てているんだから、ここはちょっとお薬のお手伝いがあったほうがいい」というふうにも言います。

この時に重要なのは、「ほめない、励まさない」ことです。私たちは、普段のお母さんの奮闘ぶりを知っているだけに、なんとか慰めたいと言葉を掛けますが、このような状態の時は、ほめればほめるほど「もっと頑張れ！」というメッセージになってしまいます。ギリギリしかないパワーを使い切って疲れ果てているところに、その声掛けは重圧です。ですから、ほめないことと励まさないことはとても大事なことで、「休もう」「一息つこう」「自分をいたわろう」という声掛けが必要です。

すると、「いや、自分のことを優先したら、この子が」などとおっしゃるでしょうから、「そうではなくて、そのことが○○ちゃんのためになるのです」という説明が重要です。基本的には、ご自分より子どものことで心が一杯なのでしょう。ですから、「省エネルギーで過ごして、力がたまってくるのを待とう。それが、今、一番のお母さんのお仕事であり義務です」と、はっきり伝えるのです。

お母さんが専門医に行く間は、子どものショートステイなどを調整してレスパイト（休息）を確保し、保健師や訪問看護師など、家への訪問が可能な職種の人と連携しながら、家族全体を見守っていきたいと思います。３か月から半年ほどで落ち着いてこられる場合もありますが、決して急がず、長い目で見守ることが大切です。

２　境界例が疑われる場合

まず、「健康な人格」とは何かということを考えておきましょう。その定義は難しいものの、次の5項目が挙げられると言われています〔前田、１９８８〕。

現実吟味　最も重要
自分あるいは自分のおかれている現実をあるがままに直視する強さ
自我の成熟したことを示す一番のしるし
自分や環境を客観的に認識できること

不安・不満耐性度　欲求不満や不安に耐える強さを持っていること
不快な感情が起こるとすぐに感情的な反応を起こすのではなく、じっとそれを受けとめて、合理的に処理してゆく工夫をするゆとり

適応能力　困難な状況に出会った際に、つらい感情の嵐を、現実に合わせてうまく処理していく適応技術が身についていること
とくに「昇華」という形で、心のモヤモヤを趣味、スポーツ、社交などでうまく発散できること

柔軟性　反対は、硬くてゆうずうがきかないこと
自我の弱い人ほど自分を守るために堅苦しい枠をつくっている
心に弾力性があって、心を自然に遊ばせることができること
周囲の状況の変化に応じて上手に適応できる心の幅があること

同一性　現実的な自分というものをきちんと持っていること
自我の同一性（「これこそまぎれもない自分だ」という確信に満ちた自覚）、自分の役割、責任、主体性が確立していること

もちろん、この5項目を完璧に持ち合わせている人はどこにもいません。多かれ少なかれ、一生かけて形作るものだと思います。さらに、私は、この5項目に加えて、「人に気持ちを開き、人を頼りにできる力」のあるお母さんは、変化が生まれやすいと感じます。

そこで、精神面について、神経症、境界例、精神病の三つのレベルから考えてみましょう。まず、神経症レベルのお母さんは、「こうしないではいられない」というご自身の価値観を持っています。例えば、ちょっとでも汗をかいたら背中に入れたタオルを取り換えるという価値観だと、結果的に数分ごとに取り換えることになり、遊びがプツンプツンと途切れてしまいます。また、子どもに触るのに「絶対、手袋が必要です」とか、「下に寝かせる時には、この布を敷かないとおろせません」などと、いろいろなことを大切にされます。そして、そうせずにはおれないという点で、神経症レベルに相当するのです。

こういう場合は、そのことを尊重しつつ応じていくことで、力を合わせて子どもにかかわることがしやすいと思います。「それは、医学的には必ずしも必要ないのでは？」ということも

含まれますが、お母さん自身が「そういうことがとても気になります」と言われますので、私たちはそっくり同じにはできませんが、「お母さんのお気持ちが落ち着くなら、なるべく即しましょう。ここまではできますよ」というやりとりができると思います。

次に、一つ飛ばして、精神病レベルについてです。〈通園〉でこの状態のお母さんにお会いする場合、入園の際に「私は〇〇クリニックに行っていて、主治医はこの人で、こういう診断を受けていますから、あまり親子活動をさせられると疲れるんです」などと、時には診断書を見せながら話される方がいます。いろいろと教えて下さるので、お母さんの了解を得て、こちらの主治医を通してお母さんの主治医に連絡を取ることができます。

例えば、「お子さんのことでやりとりをするのですが、何か配慮しておいたほうがいい点がありますか？」とお尋ねをすれば、主治医の先生が、「対人恐怖なので、あまり面談の時に大勢のスタッフで囲まないほうがいいです。二人までにして下さい」とか、「こういう行動が出てくるとお母さんの調子が悪いので、休んでクリニックを受診するように勧めて下さい」など、情報を得て連携をとることができます。

このように、神経症レベルと精神病レベルは、お母さん自身に自覚があるという点において、やりとりがしやすいのです。

この点で一番やりとりが難しいのが、二つ目の境界例レベルです。このレベルは、「自覚がない」というのが一つの特徴なのです。ですから、状態についての共通理解が成立しにくくなります。この境界例を理解するために、最初に挙げた「健康な人格」の5項目を対応させて考えると、理解がしやすいと思います。結論から言うと、5項目すべてが苦手なのが境界例の特徴ともいえます。

まず、「現実吟味」です。先ほど、客観視する力と説明しましたが、今、現実で起きていることが何かということを冷静に判断し理解できる力です。これが苦手なので、「あなたの言動が理由で、今、周りの人との関係がこじれている」と周囲が思っても、「私のせいではありません」ということになってしまいます。そうなると、解決に向かいたいのに、その前提が設定できません。

次に「不安・不満耐性度」ですが、人は、いつも不安と不満が心にあるものです。それを、どのように上手にコントロールしていくかが生きる術《すべ》ですが、このことが非常に苦手なのです。ですから、嫌なことや不満なことを抱えて生きることが難しく、一つ気にかかると言い尽くさないと治まらなくなってしまいます。「あれが気に入らなかった、これが気にさわった」などと、言い始めると2時間ぐらい続くこともあります。

ここで、不思議に感じるのは、その問題となった出来事の場では、お怒りになったことがわかりにくい場合が多いということです。普段とあまり変わらない様子で帰宅されたのに、その後、急にお電話があって長い時間苦情を話される場合があります。「さっきはそんな思いに見えなかったのに、そんなに不快だったのか」と感じます。

それは、このような方の場合、幼い頃からの経験の積み重ねがあり、理不尽《りふじん》な思いをしてもぐっと呑み込んで口答えしないで過ごし、とっさに不満を表明できないで来た方が多いからではないでしょうか。ですから、表情をあまり変えることもなく帰宅して、しかし、理不尽な思いは治まることはなく、むしろ帰宅後に大きくなって、長い時間不満を述べずにはいられなくなるように感じています。その場で、「え〜、なんでですか」などと言えれば違うのでしょうが、そのように振る舞っても応じてもらえない、あるいはそう振る舞うことが許されないという経験を、幼い頃からしていらしたのではないでしょうか。そのために、あとから何倍にも膨らんでしまうのでしょう。

それから、「適応能力」ですが、いろいろな状況に合わせていく力です。例えば、集団に所属すると、予期せぬ突発的なことが起きます。天気を理由に活動予定が変更になったり、希望した友達と一緒に活動できないことになったりします。それらに上手に合わせられず、「〇〇のはずだったでしょう」と怒りの要因になります。

また、「柔軟性」は、「まあ、いいか」「しょうがないかな」と切り替えられる力ですが、そのような柔らかい心は苦手です。

さらに、「同一性」とは、自分の行動や生き方について何らかのポリシーがあり、「これが大事」「このことは譲らずに生きていこう」などという考え方を持っていることです。これがないとどのようなことが起きるかというと、スタッフの言動に対してお怒りになった内容に対し、スタッフは「二度とそれをやるまい」と思って一生懸命配慮しますが、同じことをご自分でなさったりするのです。深いポリシーに根ざして怒ったわけではないので、そのようなことが起きます。そうなると、次のトラブルを回避するのが難しくなります。スタッフの側としては、しないでおきたいことのリストを作れず、次は何にお怒りになるか、予想がつかなくなってしまうのです。ですから、私たちは、「そういう具合の悪さを持った方だ」とよく理解して、かかわりを保っていくことが大事だと思います。

境界例が疑われる場合の対応上の留意点は、三つあります。まず、「巻き込まれない工夫」です。「あのお母さんとの関係でまた何か起きるかもしれないが、それは、予測をして準備をすることの難しい内容になるだろう」と思っておくことです。このようなお母さん方は、私たちの矛盾点やミスや、ちょっと気持ちを抜いたところに鋭く気づいて、それをすかさず指摘する場合があります。「そうだ、確かにこちらに不手際がある」ということが多く、「一瞬気になっていたのに、やっぱりここでそうなってしまったか」と私たちもがっかりします。ですから、とても繊細で気づきやすいのだと思います。それだけに、私たちの注意を上回っていて、予測がしづらいのでしょう。

繰り返しますが、私たちの構えとしては、「また、あのお母さんは何かおっしゃるだろう、私たちも心の準備はするけれど、具体的なことは想定できない」と思っておくことです。「こういうことが起きるかもしれない」ということと少し違うことが起きますので、それに慌てて巻き込まれることがないよう、「想定外のことが起きるぞ」と構えておいて、「そこか！」と受けとめられることが大切です。

次は、「スタッフ間で連携をとる」ことです。こういうお母さんが気持ちをぶつけやすいタイプがあるように思います。私の印象では、「自分の言動に対する手ごたえが期待に沿いやすいスタッフ」です。言い換えれば、急に怒られて、ドキドキして動揺するようなスタッフです。やはり、幼い頃は、自分が気持ちを表しても手ごたえがなくて諦《あきら》めてきたことから、そのような手ごたえが大事なのでしょうか。ですから、冷静沈着な人はめったに対象になりません。慌てふためいてジタバタしながらも、あとになってからやさしくしてくれそうな人が対象になりやすいのです。なかったことにして水に流すのは無理ですが、懸命になかったかのように応じてくれるスタッフを選んでいるように思います。そういう意味では、そのスタッフは「選ばれたな」と、私はいつも思います。

しかし、私たちも人ですから、驚くし傷つくし尾をひきます。そこでは、「オーソリティー効果」が必要です。所長や管理責任者など、オーソリティー（権威）のある立場からの声掛けです。そのような人が、「この点は改めます」「これ以上のことは私たちにはできません」「このことの話し合いは、これで一区切りにしましょう」など、怒りに任せて拡散しそうになる言動をとどめるように、きちんと話をすることが大切です。私たちは、お母さんを守るためにも、それを言う必要があると思います。

このような対応を「父性性を活用する」といいます。人は、父性性と母性性の双方を持ち合わせて生きていて、成長発達していくプロセスでは、この双方が上手に組み合わさり、混ざり合いながら作用しています。これは、父や母、男や女という意味ではなく、次のように説明されています〔佐々木、２００６〕。

母性とは「無条件の保護」、つまり、やさしさであり、ありのままのその子を受け入れ、認め、そして絶対的なやすらぎを与える力です。父性とは「条件付きの愛情」、つまり、厳しさであり、これはしてはいけない、こうしなければならないというルールやマナーを教える力です。この両方をバランスよく受け取りながら、人は成長し、人格を形成していくという説明です。ですから、上手に枠を作ってはみ出さないように、「こう言うのは、もうここまで」「これ以上は、なしに」という方向性を示す役割がとても大事なのです。

ある時、スタッフ研修会で私がこの話をしたあとに、スタッフから、「うちの責任者は、親に絶対ものを言うなと言う人で、このオーソリティーの役をしてもらえないんです。だから、僕たちはいつも困っているのに、言いなりなんです」と言われました。「それは苦しいですね」と返事をしながら考えたのは、肩書や年齢ではなく、「お母さんが、スタッフの中で最も耳を傾けやすい人」を、オーソリティーとして選択できるといいということです。私自身は、科長という肩書が支えになって、お母さんに対して「これ以上、そういうことをおっしゃるのは、控えて下さい」「皆さんと同じようにお母さんと接したいので」ときちんとお話をしたら、しばらく静かに時が流れたことがあります。

最後に大事なのは、「苦手にならない工夫」です。やはり、こういうお母さんに対して、身構えてしまいそうですが、そうならないようにする工夫があります。それは、「やさしくなろう」などという精神論ではありません。それは、そのお母さんのこれまでの体験や現在の生活ぶりについて、きちんと冷静に事実を押さえるということです。そうすると、やはり、そのような状態にならざるを得ない、非常に人に支えられにくい中で懸命に生きてこられた人生であることがわかります。

例えば、自分の母親と非常に疎遠であるとか、母親が統合失調症の診断がなされているとか、幼い頃からほとんど母親との会話がない場合もあります。また、付き添っていらしたおばあさんが、すごくきらびやかな服装をして、「あなたがそれをやりなさい」などとお母さんに命令口調で言っており、お母さんの個性が尊重されて育つことは、難しかったろうと感じたこともあります。また、お父さんとは離婚調停中だったり家庭内別居状態であったりして、お母さんお一人で奮闘されている場合もあります。あるいは、お父さんも似たようなパーソナリティーで、お二人そっくりな怒り方で、どちらからも相手をとりなしたりできないようなこともあります。とにかく、心を寄せて支え合うような関係が、親子関係でも夫婦関係でも見られにくく、先ほども述べたような、サポーターが不在という場合が多いのです。

それに加えて、何より、子どもの養育が大変だということです。医療的ケアが必要で、すぐに救急車で病院に行くことになったりして、「よく一緒におうちで過ごせているな」と、頭が下がるような子どもの状態である場合が多いのです。ですから、子どもに手がかかってふがいない出来事が続く中で、心の状態がいっそう苦しくなるのだろうと思います。

ですから、「苦手に思う」というよりも、やはり、サポートが大事なのです。そういうことを、私たち自身が声を掛け合い、確認し合い、そのお母さんを取り巻く事実をきちんと押さえておくことが重要です。

こういうお母さんたちは、私たちスタッフがジタバタガタガタしている雰囲気に不穏になりやすい面があります。私たちがドンと構えて、「よし、このお母さんと、とことんつきあっていくぞ！」という雰囲気が大切なのです。これまで、このようなお母さんの検討会をして、今述べたような内容を確認し合い、みんなで気持ちの準備をしたあと、二度と「訴え」が起きず、穏やかに力を合わせて過ごせたことを複数回体験しています。

3　集団内で不満が広がる場合

次に考えたいのは、グループ活動に参加しているお母さんたちの間で不満が広がる場合です。それは、特定のスタッフについて、「こんなひどいことをされた、言われた」など、被害的な内容の噂が広がる場合もありますが、組織そのものに対する場合もあります。いったん噂になるとそれが風のように速く広く知れ渡り、次第に修飾されて内容がいっそう複雑になることもあります。それまでいろいろ思いをためていたために、一気に噴き出して雪だるまのように膨れ上がるのだろうと思う時もあります。スタッフ側にとっては、驚いたり悲しんだり戸惑ったりがっかりしたり、複雑な心境にさせられます。

このような場合について、心理学の理論で説明できる概念があるかという質問をされたことがありますが、次のような概念に理解のヒントがあるように思います〔『精神医学事典』弘文堂〕。

「集団暗示」　密接な関係で結ばれている集団にみられる。

学級・寮・修学旅行中の友達仲間・宗教や思想団体など。

一人の感情や思考がただちに他のメンバーに伝播する。

担任教師など、その集団に大きな影響力のあるものの対応に問題があると長引くことがある。


「感応精神病」　一人から、親密な結びつきのある他の一人、あるいはそれ以上の人々へ、妄想観念などが転移される。

内容は、一般に被害関係妄想が多い。

長期間お互い密接に、周囲から孤立して閉鎖的に暮らし、相互に助け合い協力し合って、依存関係になることが多い。

客観性を喪失し、共通の主観性をもつ。


これらは、集団心理学や精神病理学に関連した概念ですが、その内容にはハッとさせられます。もちろん、そのままあてはまるわけではありませんが、集団を運営している立場としては、時として、これらに似た関係がそこに展開する場合があるように感じます。

まず、子どもたちが発達していくスピードは、ともすると「薄紙をはがすように」ゆっくりなこともあり、なかなか変わりにくいもどかしさや見通しの持ちにくさなどが常にあります。そこに、活動内容のマンネリ化やスタッフ側の無神経な言動などがあった場合、小さな集団の中で日々過ごしていることもあって、あっという間にやや事実を超えた「妄想観念」のような感情が広がることは、とてもありうると思うのです。また、中心的なお母さんのパーソナリティーに目を向けてみると、いろいろな情報をお持ちになって、臆せず人に意見を言う力があり、そばに寄り添う仲間も多いため、その人の意見や考えがそのままほかのメンバーに広がってしまう傾向があるように思います。

このような場合、スタッフとしては、「閉じた連帯感」を解き放つような工夫も必要です。一人ずつの親子の個別性を尊重し、現実見当識やより広い視野を持てるような役割のとり方や機会を意図的につくることも大切です。活動の中で、いつも全員が同じことをするような設定ではなく、大きな枠組みを用意しながら、そこでお母さんが個性を発揮できるような自由さのある設定です。

そして、もう一つ、何より大事なことは、スタッフとして、真摯に事実関係を客観的に捉えることです。不満につながる事実があったのかなかったのか、一見ないように見えてもそのように受けとめられかねないことがあったのかなかったのか、小さな事実の積み重ねからそのように受け取られても仕方がないと思えるのか思えないのか。つまり、「苦情」の背景をきちんと見極めることが重要だと思うのです。苦情については、前の章で三つに分けて考える必要性を述べました。いずれにせよ複雑な思いにはなりますが、きちんと事実を見つめて幅広く対処することが必要で、現状の見直しを求めるお母さんたちからの「サイン」と受けとめたいと思います。

4　成長の過程で医療的ケアが必要になった場合

次に、病気や事故の後遺症など、成長の過程で医療的ケアが必要になった場合についてです。例えば、お兄ちゃんがインフルエンザにかかっていて、一緒に寝たのでうつって脳症になった、お風呂で遊んでいたので、ちょっとその場を離れたら溺れていた、お父さんが肩車をしてくれている時に急に落ちた、などの場合です。誰かのせいということはないのですが、切なく、それぞれの人にとって重苦しい気持ちになる出来事です。

そのような出来事からまだ間もない「急性期」の時期にお会いすると、お母さんは、非常に複雑で変わりやすいお気持ちを抱えておられます。「両面感情（アンビバレンツ）」と呼ばれますが、お母さん自身がご自分の気持ちに振り回されるように、真反対のことをほぼ同時に思います。「生きていてくれて良かった」、「いや、逝ってしまったほうが本人は楽だったろうに」というふうに、瞬時にして違うことが心に浮かぶのです。そして、「こんなことを思ってしまった」とご自分を責めてしまうこともあります。そういうことがお母さんの心に起きうるということを、私たちは思っておく必要があります。言葉にされたお気持ちが複雑で、変動しやすいという認識を持つということです。

そして、「医療的ケアが必要な状態になった」ことを認めがたい思いになります。ついこの間まで、歌を歌って踊りを踊ってたくさん笑っていたわけですから、「ベッドにエアマットがあったほうがいいんじゃないか」「吸引器はこっちの機種のほうがいい」などと、看護スタッフが一生懸命親身に言っても、そんなことは何も聞きたくないかもしれません。お母さんは、子どもが元に戻らない限り、つらい思いは癒えることはないのでしょう。私たちは、「前よりなんだか意識がちょっとはっきりする瞬間があるわね」「きょうは昨日より表情が穏やかね」「今、少し笑ったんじゃない」などと、小さな変化を一生懸命言うわけですが、お母さんにとっては、前のように歌を歌って踊りを踊って大きな声で笑わないと、良くなったことにならないのでしょう。

そこのところをよく理解する必要があります。私たちが「笑ったんじゃないかしら」と言えば言うほど、お母さんは、「違う、そんなのは笑ったことにならない」「私の感情はそれじゃない」という思いになります。そうではありながら、少しでもいい方向に進んでいることも知りたいし、聞いておきたいのだと思います。

ですから、私たちは、お母さんに共感を求めないほうがいいと思っています。「あ、なんか昨日よりいい顔しているな」「お口、自分から開けるように感じるな」と、モノローグ（独り言）的につぶやくのです。これを「つぶやき療法」と名づけて紹介してきました。そのようにすれば、お母さんにそう思うことを強《し》いないですみます。「ねえお母さん、そう思うでしょ」と強いられると、お母さんはついていけない気持ちになるのではないでしょうか。一方で、私たちが見つけた変化を知りたい思いもお持ちでしょうから、それを言葉にして伝えていくことは大切だと思います。

このようなお母さんの複雑な気持ちをよく理解して、現実的なサポートをしていくことが必要です。時には、両方の思いを言語化してもいいでしょう。「お母さんは、こうも思うけど、こうも思うんでしょうね」「少し変わってきたなとは思うけど、元に戻らないとよくなった気持ちにはなれないのでしょうね」など、つぶやくのも一つかと思います。

その際に、ちょっと知的に整理するのが得意そうなお母さんに向くのですが、ノートを用意して、身近に持っておくことをお勧めします。誰に見せるのでもなく、「心の中に浮かんだことを、ありのまま書いておくノート」です。なにしろ、夜中でも急に目が覚めていろいろなことを思うわけですから、それを心から出さないと、頭の中で気持ちが渦巻いて眠れなくなります。そのような時、思ったことをその場で書いて、書くことで心の外に出すのです。時にはひもで縛って人に見せないようにしておくことをお勧めすることもあります。向き不向きもありますので、「こんな方法もあるらしい」と紹介するのも一つです。

さらに、お母さんの気持ちを理解する手がかりとして大事な視点があります。それは、お母さんたちの、「自分の気持ちに振り回される」「自分じゃないように感じる」「その季節になると具合が悪くなる」「救急車の音を聞くと動悸がする」「もう何も信じたくない」などの言葉に現れています。つまり、大事な子どもの発達を「対象喪失」として失っただけでなく、「PTSD（Post-Traumatic Stress Disorder 心的外傷後ストレス障害）」を合わせ持った状態として理解することです。「複雑性PTSD」については、次のような説明があります〔ウィリアムズほか、2009〕。

複雑性PTSDの症状とその例

① 感情（情動）や衝動をうまく抑えることができなくなる

・感情がひとりあるきする、怒りの調節が困難になる

② 注意力や意識の変化

：健忘、短時間ボーッとする

③ 身体化

：消化器系の不調、慢性的な痛み、心肺機能の症状、婦人科的な面での不調、動機や息苦しさ

④ 自己認知（自分自身への見方）の変化

：慢性的な罪悪感や自責の念、役立たずだと感じる、誰も自分のことをわかってくれないと感じる

⑤ 人生や他者、信仰などスピリチュアルなものに対する見方（意味体系）の変化

：信頼する力が失われる、絶望感や希望を失った感覚

これらの内容は、急性期の子どものお母さんに重なる面があります。もちろん非常に個別性が高いので、いろいろなお母さんがいることを念頭に置いて、その気持ちの動きを見極めて柔軟に対応していく必要があります。発症以前の写真を手元に置いて見せて下さるお母さんもいらっしゃいますし、とても思い出すのもつらいと、ご自分でも見ないようにしておられるお母さんもいます。

ここで、もう一つ大事なことがあります。それは、「私たちが、子どもについてどのように

理解しているか」というテーマです。

お母さんの中には、「赤ちゃんに戻った」「もう一回、育て直し」と、ご自分や幼いきょうだいに言い聞かせておられることがあります。この点について、私は、「これまで育ってきた子どもとして声掛けをする」ことが大切だと考えています。「表出は難しくなったけど、内面の豊かさは保っている」「聴く力は続いている」「それでも、コンセントが入ったり抜けたりする状態」「つながっていると感じられる時に声掛けを。そうでない時にはお母さんは休んで」「好きだったこと、得意だったこと、嫌だったことを大切にして」などと、お話しします。長く臨床の場でこのような子どもたちに接していると、子どもたちは、そのような見方が大切であることを教えてくれます。

ある4歳の女の子は、感染症から脳炎を起こして医療的ケアが必要な状態になり、立つことも話すことも難しくなりました。入園した時は発症から半年ほどたっていましたが、お母さんは黙ってじっと顔を覗《のぞ》き込んでいました。

ある時、親子活動で、6人ほどの友達と一緒にクッションチェアーに乗って、さらにキャスターに乗り、プレイルームの中をグルグル回って、電車ごっこをしていました。ところが、この女の子は、その時に決まって目をつぶってしまうのです。はじめのうちは眠いのかなと考えていましたが、あまりに毎回なので、どうもこの遊びが好きではないのでは、という話になりました。

するとお母さんは、「そういえばこの子は、幼稚園でもみんなと同じことをするのが嫌いで、ダンスの時は自分流の踊りを考えて一人で踊っていた」というのです。「それでは」ということになり、次の電車ごっこの時は、プレイルームの一角にパーテーションまで出して、その裏側でお絵描きをしてみました。先生が手を支えて、一緒に絵の具で描きました。すると、全く目をつぶらずにその回は終わり、「やっぱりみんなと同じじゃないことがしたかったのね」と、お母さんも久しぶりに少し笑顔になりました。

これは、前にテレビで報道されていたエピソードです。あるアイドル・グループが引退することを表明して、とても残念に思ったファンの話題で、ある女性がグループに感謝をしているとの内容でした。その女性は、子どもを出産した数日後に脳内で出血が起こり、しばらくの間意識がなかったそうです。女性の夫はとても心配しながら、耳元にカセットデッキを置いて、妻の好きなこのアイドル・グループの曲をずっと流し続けたそうです。そして、女性の意識が戻った時、「ずっとコンサートに行っていた思いだった。大好きなグループの曲がずっと耳元で流れていた」と話し、その後、またコンサートに出向くことを目標にリハビリを続けられたことも、グループのお陰だと感謝していました。

その報道を見た時、「ああ、やっぱり耳で聞く力は続いている」と思い、これまでお母さんたちに話してきたことはこれだと確信しました。だからこそ、子どもからの話し言葉がなく、一見眠っているような時期でも、こちらが話しかけることは大事なのです。急性期の時も、「びっくりしたでしょう。今○○にいるのよ」「明日はこういう検査があるけど、そばにいるからね」などと状況を説明しつつ、安心できるように声を掛けておけるといいと考えています。

5　公の場で「ジロジロ見られた」場合

これも、うまくできずに悔いることが多く、大事に取り上げておきたいテーマです。〈通園〉では、年に2回、春と秋にバスに乗って公園に行きます。「公園デビュー」などと、初めて地域の公園に行くという親子もいます。もちろん、必ず看護スタッフが同席しているので、安心して行けます。吸引器や酸素ボンベなど、必要な機材を積み込んで出かけます。

センターからバスで10分ほどの公園は広々としていて、石でできた幅の広い大きな滑り台もあり、横向きに抱いても滑ることができます。酸素ボンベを背負ったスタッフと子どもを抱いたスタッフが、横並びになって滑ることも可能です。ブランコやシーソーなども、PT（理学療法士）やOT（作業療法士）が絶妙に姿勢をとって、伊達じめ（着物を着る時に使う帯状のひもで、マジックテープで留めやすくなっているもの）で支えたり、U字クッションを三つ重ねたりして、「独り乗り」に挑戦することもできます。

新しいチャレンジはたくさんあるのですが、一方で、雨上がりの翌日などには、地域の子どもたちも大勢利用しています。幼児期の子どもたちは、素直で率直です。ある時、チューブをつけた3歳の女の子がスタッフに抱かれてブランコに乗っていると、またたく間に10人以上の保育園の子どもたちに囲まれ、じーっと見られ続けました。お母さんは、「何なの〜」とおっしゃったように思います。私をはじめスタッフはうまく言葉を発せられずに、少し間に入ったりしただけでその場が終わってしまいました。情けなくて申し訳なくて、センターに戻ってから、何て言えばよかったかと話し合いました。

それから数年後に、また同様のことが起きました。私たちスタッフは、取り囲んだ子どもたちに、何が気になるのか、このチューブはどんな役割をしているものかなど、わかりやすい言葉で話しました。その時、保育園の先生らしき付き添いの大人たちは、数人集まって遠くからこちらを見て、何やら話していました。

お母さんの一人が、「あの園服は○○保育園よ」とおっしゃるので、私はセンターに戻ってから、その保育園に電話をかけました。「今日、公園でそちらの子どもたちに私たちスタッフが話していた時に、なぜ、そばに来て下さらなかったのか」と質問しました。すると、「そちらで何か話しているからいいと思いました」と言われました。私は、「子どもたちが何を言われているのか、知らなくていいのですか」「ちゃんと知って、保育園に戻ってから子どもたちみんなと話題にして、今度会った時にわかり合って、一緒に過ごせるようにしてほしかった」と話しましたが、手ごたえなく電話は切れました。

その後も、あるお母さんは、スタッフより先に、近寄って見ている子どもたちに声掛けをして説明して下さったり、新しいスタッフが対応に戸惑って心を痛めたりと、いろいろなことが起きました。常に対応の仕方を準備していないと、とっさに振る舞えない内容だと感じます。

20歳を過ぎた卒園生のお母さんから伺った話です。ある動物園が、配慮の必要な子どもたちに入場無料の日を夏に設定していて、この数年いつも行って、すいた中でいろいろな動物を身近に見ることができるのだそうです。私は、そういう機会にお友達が増えるのかなと思って尋ねましたが、お母さんのお返事は、「全然、別にそういうことではないの。みんな吸引していても、チューブで食事していても、誰もお互いをジロジロ見たりしないのよ。だから気が楽なの。暑いけど」とうれしそうに話して下さいました。

やはりお母さんにとっては、そのような視線がいかに特別なものであるか、子どもが20歳を過ぎてもう慣れたご様子をされていてもそうなのかと、改めて思わされました。ましてや、公園デビューの時は、しっかりスタッフが守っていなければと肝に銘じています。

6　きょうだいへの配慮

ここでは、お母さんたちにとって気がかりの大きいきょうだいについて述べていきます。漢字で「兄弟」と書くと男性ばかりになるので、ある時期から、姉妹を含め、ひらがなで「きょうだい」と表現するようになりました。

心理担当者は、いろいろな子どもたちの心の相談にあたるので、きょうだいのこともいろいろ相談に乗ってきました。実際、医療的ケアが必要な子どものお母さんは、きょうだいのことをとても気にかけています。予期しないことも多く、救急車で運ばれたり入院になったり大きな発作をしたりと、それらを目《ま》の当たりにしているきょうだいの思いについて気になっていても、どうしても命にかかわることを優先せざるを得ないのです。

そんなことを考えていた時に、新聞で、「お兄ちゃんが病気になった。ぼくはひとり震えていたんだ」という記事を見つけました。弟さんを亡くした経験を童話にした手作り絵本が静かな人気を呼んでいる、という記事でした。絵本のタイトルは、『おにいちゃんが病気になったその日から』で、クマの家族の話でした。そこには、「親に気づいてもらえない。『いい子』にしているとわかってもらえない。そんな子どもの思いを知ってほしい」と話す、24歳の佐川奈津子さんのやさしい笑顔の写真が載っていました。

さっそく、佐川さんにお手紙を書き、今の役割を説明して、1冊送ってほしいとお願いしました。ほどなく届いた荷物には、自筆のお手紙が添えてありました。「せっかく子どもさん達がいらっしゃるところですので、ぬり絵絵本をプレゼントしたく思い同封しましたので、驚かれないで下さいませ」と書いてあり、やさしいろうそくの絵のついた小冊子2冊と同じ内容のぬり絵絵本が入っていました。「もちろん」として、代金も不要とのお心遣いで、ありがたく頂戴し、親の会、保育士養成の大学、訪問看護師の研修会など、あちらこちらで紹介してきました。そうすることが私の佐川さんへのお礼の気持ちでした。

その後、ハードカバーの本になってどこの書店でも手に入るように出版されました。ただ、その本は、クマの家族が人間の家族に変わって点滴などの病院のシーンがあり、あるお母さんが「お兄ちゃんにはクマさん家族のほうが見せやすい」とつぶやかれたので、それ以降は両方を紹介しています。

この本の主人公「ぼく」が、大人になってわかったこと、「家族みんな、ひとりひとりが抱えているさびしさや、苦しさの中に、ぼくのさびしさも入れればよかったってこと」は、大事なメッセージを含んでいると思います。実際、佐川さんは10歳の時に、3年4か月闘病した7歳の弟さんを脳腫瘍で亡くされています。そして、その後、弟さん宛に書き始めた日記が大学ノート3冊になり、詩も何冊も書き続けたのち、「十数年間閉じ込めていた思いを一気に童話に書き上げた」と説明されています。

つまり、きょうだいが抱えている思いを表現するのは、そう簡単なことではなく、時間の流れや語れる雰囲気や場などが大きく影響するのではないかということです。そして、やさしい人ほど傷つきやすく、心にしまいこみやすいように思えます。それは、とても苦しいことでしょうが、そのような性格に育っているということが貴重なことでもあるのではないでしょうか。そして、家族それぞれに個性があります。医療機関に通う子どもの状態も異なります。だからこそ、よそとは比べられないのだろうと思います。

きょうだいのことについては、年齢によって成長発達に伴う課題もかかわり、そこに大人の協力関係がからみ合って複雑になりますが、ここでは幼児期に絞ってお話ししていきます。

(1) 幼児期の相談内容

幼児期の相談は、兄・姉か、妹・弟か、あるいは双子かで、いくらかの違いはあるものの、根底には、「きょうだいが何歳の時に、お母さんをはじめ家族の人たちの心が、きょうだいに向きにくい状況にあったか」が関係しているようです。特に、それが2歳前後の頃ですと、微妙な理解力と表現力のはざまの複雑な捉え方をするように思えます。4歳を過ぎていると、客観的に物事を捉える力もついてくるので、また別の配慮が求められます。相談内容の例としては、次のように分類できるように思います。

集団での人間関係　…「保育園に行きたがらない」「お友達とうまく遊べない」
情緒的な問題　…「乱暴をする」「嘘をつく」「気に入らないとキレる」
癖　…「おチンチンいじりをする」「髪の毛をぬく」「爪を深く噛む」
身体症状に及ぶもの…「朝起きると吐く」「頻繁《ひんぱん》にトイレに行く」
その他　…「リアルな病院ごっこをする」

その他の「リアルな病院ごっこをする」については、例えば、導尿（管でおしっこをとる）が必要な子どものきょうだいが、遊びの中でうさぎのお人形の股にひもを繰り返しあてて「ドウニョー」と言っていると、お母さんが心配されたことがあります。しかし、子どもたちは、気になっていることを遊びの中で再現することで、それを心に収めていく面もあり、稀《まれ》な遊び方ではありますが、本人の生活経験に照らせばとても身近なことでもあります。お母さんに、そのように遊ぶ意味をお伝えすると、お母さんも安心されました。私は、家族が病院にかかわることが多い場合は、病院ごっこがしやすいように、そのようなおもちゃをプレイルームに置いておきたいと思います。人形や私たちを相手にしてお医者さん役をしながら、自分の今の状況を受けとめていく場合があるのです。

(2) どのように受けとめるか

体にかかわる気がかりは、専門の医師の判断が必要です。まず、行き慣れた小児科を受診してもいいでしょうし、おしっこが頻回《ひんかい》なら泌尿器科などできちんと診てもらうことが必要です。何か体に問題があるわけではないとわかったら、その上で、気持ちの問題として対応していきます。もし検査に時間がかかる時は、気持ちの問題としてできることも始めるといいでしょう。大人たちはびっくりするかもしれませんが、「SOSのサインが出せた状態」として受けとめることが大事です。「よく知らせてくれたね」という気持ちです。

そうなれば、きょうだいが生まれた時のことから始めて、ゆっくりとこれまでの出来事を思い起こしていきます。「けなげな性格で、急に救急車でお姉ちゃんが運ばれた時は、おばあちゃんとお留守番をしていた。まだ2歳になったばかりだったのに、買い物の時に、眠くても必死に歩いて、おばあちゃんに気を遣っていた」などのエピソードを思い起こして話題にしていきます。たくさん我慢をしてきたからこそ、ぎこちなく激しく訴えてしまうのでしょう。

(3) 心のメカニズムをどのように理解するか

子どもに限らず人の心は、とても複雑で感じやすく、その上たくましいものです。現実生活で起きるさまざまなことに対して、たくさん心を揺らしながら生きています。

幼児における心の力学

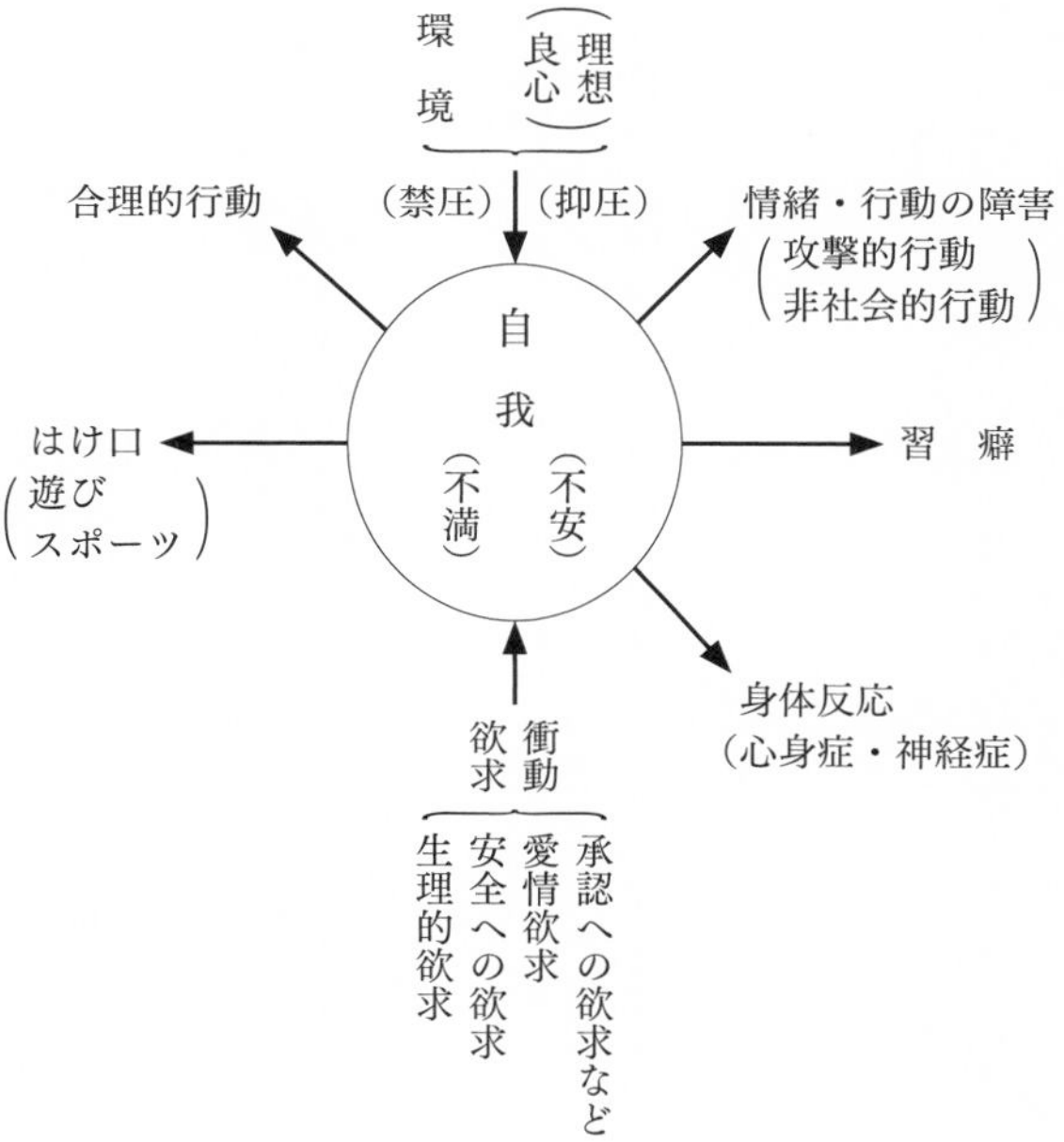

図は、幼児期の心のメカニズムを表したものです〔前田、1988〕。これをきょうだいの思いと重ねて考えてみると、下から突き上げる「わたしも甘えたい」「ぼくのことも見ていてほしい」という思い（欲求や衝動）があります。しかし、上からは、「お兄ちゃんなんだから我慢しなくちゃ」という思い（理想や良心）や、「妹は入院しないともっとひどくなるから、お母さんは家に帰れない」という現実（環境）が圧《の》しかかってきます。そうすると、自我という心が、ゴムのように柔らかければ少し楽なのですが、板挟みになって左右に噴き出してしまうのです。

上の図の左側は、上手な噴き

出し方で、「ま～しょうがないか」と合理的に割り切って過ごせたり、思い切り遊んだり運動したりして発散できる場合です。右側は、身体の症状に出たり癖がひどくなったり、情緒や行動の問題に現れたりする場合です。いつも左側でしのげればいいのですが、そうはいかないことも多いのが現実です。生きているということは、このような板挟みの連続なわけで、そこをどう折り合いをつけていくかが、生きる術なのでしょう。

(4) きょうだいを主役に

そのように考えると、きょうだいが何かしらのSOSを発信するのは当然ですし、「よく大人に知らせてくれたね」「これからは、大人が一緒に手伝うよ」という思いになります。

実際の面接では、まずお母さんにきょうだいと二人だけで来る条件を整えてもらいます。やりくりが難しいからSOSになっているわけですが、ここはどうにか可能な限り、周囲に協力してもらいます。そして、「今度はあなたが主役!」として、心理面接に通い始めます。敏感な子どもは、お母さんが気づいて相談を設定したとたんに落ち着くこともあります。母子平行面接といって、お母さんときょうだいは別の部屋で、それぞれの担当者と面接をします。

面接がスタートすると、4歳の子どもでも、現実を十分承知していることに驚かされます。子ども担当者は、ゆっくりと気持ちを語る時間を用意し、ねぎらいながら一緒に過ごします。

そして、「思っていることをありのままに表現していい」ということを伝えながら面接を積み重ねます。お母さんはその間、別の部屋で、きょうだいの生い立ちを思い起こすことから始めて、これまでのいろいろな思いをお話し下さるわけです。

数回で面接を終了することもあれば、2年くらい通われることもあります。長く我慢してきた心が、そう簡単に変わるわけはありません。出し始めは、気になる行動が一時期激しくなることもあります。「やっと伝わったか、こんなにつらかったんだ、もう遠慮なく出していいでしょう」という気持ちかもしれません。これも必要なプロセスなのです。そういう時期があると承知しておかないと、お母さんが戸惑ってしまうでしょうから、お母さんの面接も必要なのです。きょうだいが器用に気持ちを小出しできるようになるまで、急がずにかかわることが大切です。

(5) 心がけておけるといいこと

気がかりがあっても、皆さんが心理面接に足を運べるわけではありません。お母さんだけが、数回相談にみえることもあります。そして、問題を整理するだけで、落ち着くこともあります。共通することとして、次のようなことを心がけられるといいと思います。

まず、きょうだいが思っていそうなことを言葉にして伝えることです。「あなたの思いには気づいているよ、承知しているよ」「いつもありがとう」など、言葉にして投げかけるのです。また、できれば、どうにかやりくりをして、お母さんと二人で過ごす機会もつくりたいものです。長い時間でなくても、買い物に二人だけで行くことができると、気持ちが随分違います。ヘルパーなどの社会資源も上手に活用して、どうにか工夫したいところです。

さらに、これまでお留守番が多かった通園機関などの療育の場や病院に一緒に行く機会をつくることも大事です。「ああこんな場所で、こんな先生たちと一緒に過ごしているのか」と、具体的なイメージを持てるようになると、一緒に過ごせている気持ちになれます。〈通園〉では、夏祭りや運動会などの大きな行事とすいかわりなどの機会に、きょうだいの参加日を設けて、知ってもらえるようにしています。

病院は、中学生以下の子どもの面会は許されず、入れないために外で待っていることが多いかもしれません。大人になったきょうだいたちが、「よく折り紙をしていた。6時間ぐらい一人で待った」などと聞かせてくれました。そのようなきょうだいたちに共通する特技は、小さな折り紙を使って空中で（机の上に置かずに）鶴を折ることでした。完成品は1センチにも満たない小さな作品だったことが、どれだけ長い時間工夫しながら練習したかという、彼らの生活を物語っているように思えました。

そして、「人は完璧でなくていいんだよ」と、自分を縛る気持ちを緩められるといいでしょう。だからこそ、大人たちも弱音を吐いたり、失敗談を話したりすることも必要です。それを聞いて、「なんだ、それでいいのか」と思えるかもしれません。そのことが、心を緊張させているきょうだいたちにとっては、とても意味のあることなのです。

そのためにも、お母さんご自身に、思ったことを言える人がいることは重要です。私も、お母さんから弱音のような思いをお聞きした時、「お姉ちゃんも、お母さんのそのような思いを知ると、きっとホッとすることでしょう」とお伝えすることがあります。

きょうだいのことは、「誰のせいでもない」と感じます。実際に、急に予期しないことが起きることも多く、みんな懸命にやっているのです。ですから、長い目で見た時に、大人がしてあげられなかったことは、必ずしもマイナスばかりではないと思います。きょうだい関係があることは素敵で貴重なことですし、大人の後ろ姿を見ながら子どもたちは育っているのです。

(6) その後のことについて、少しだけ

これまで、幼児期のことを中心にお話ししてきましたが、その後に起きうることについて、一つだけお伝えしておきたいことがあります。それは、きょうだいたちが小学校の高学年くらいになった時に、一度、「今度の運動会には、連れてこないで」などと、行事の同席を拒んできた時にどうするかということです。お母さんは、これまで家族として一緒に過ごしてきたの

に、ここにきてなぜそんなことを言い出すのかと、何か育て方が間違ったのかなどと、悲しいお気持ちを話されます。そんな時、私は、「今回は、きょうだいの気持ちを尊重しましょう」と返事をしてきました。

きょうだいたちは、いろいろな思いを持って生活しています。周りの友達も、説明して伝わる人やそうでない人など、いろいろな人がいて、高学年になって自分なりに家族について深く考えているのではないでしょうか。だからこそ、その時点での思いを尊重して、実際に連れてこなかった時に、どのような思いになるのかを感じる機会が大切だと思います。決して、家族の一員でないなどと考えて発した言葉ではないのです。それを言うのにも、勇気が必要だったことでしょう。その上で、きょうだいの気持ちを大切にしたいと思います。

そのように自分の気持ちを尊重されて過ごしたきょうだいたちは、その後、高校生になって、「文化祭に車椅子で来やすいように、エレベーターのある学校を選んだ」とお母さんに話したり、介護や看護や医学の勉強を選んだりする場合もあります。そのような対人援助職につかなくても、街で子どもをバギーに乗せたお母さんに、エレベーターの扉を手でさりげなく押さえていたりする姿を見てきました。お母さんの願いどおり、社会にはいろいろな人がいて、支え合っていることを自然と受けとめて生きる人として育っていると思います。

7　就学の相談

就学は、大きなステップです。幼児期に積み上げてきた経験と子どもたちの発達の状態を、大事にリレーして、学校の先生たちに伝えていきたいものです。学校は、これまでとは格段に人が多く、空間も広いところです。初めは当然戸惑いますが、底力は育っているはずですので、少し様子を見て、じわじわ力を発揮していくことでしょう。それまでは、安心する声掛けやサインの出し方の特徴、好きなこと苦手なことなどを伝えられるためにも、お母さんとスタッフたちとのコミュニケーションを密にして、確認し合っておけるといいと思います。

私はよく、「年長の秋は伸びる！」とお母さんたちに話します。実際、そうなのです。きっと、幼少期からああでもないこうでもないと働きかけてきた結果が、形になって見えてくるのが年長の秋の頃、つまり、就学を控えた11月頃です。子どもたちのサインがはっきりしてきて、大人が気持ちを汲《く》み取りやすくなり、友達に対する関心が伸びて、チラチラ見たり、友達が休むと落ち着かない表情になったりします。「この様子なら、学校に進学したら、上手に担任の先生に思いを伝えられるだろう」「規模が大きくなる学校生活で、大勢の人に囲まれることを、心地よいこととして受けとめられるだろう」と、うれしくなります。

学校の体制については、地域の差が大きく見られます。そのため、就学の相談の進め方にも違いがあります。特に、看護師の配置により、受け入れ態勢には幅があります。

〈通園〉では、実際の就学に関する話題は、春に始めていました。お母さんたちは、学校というものについては、なかなかイメージが持てないようです。お兄ちゃんやお姉ちゃんがいる場合は、なおさら、「授業についていけるか」という心配があります。また、一人目の子どもの場合は、お母さん自身の子ども時代の学校生活が思い出されます。

まず、お母さんたちが持っている学校生活のイメージを伺った上で、お話を始めます。どんな知識や不安をお持ちなのか、それによって説明の仕方を工夫します。その上で、小学校生活には、どのような場があるかについて説明し、学校が決まるまでの流れをお話しします。就学相談では、教育委員会側の意見があるものの、決定には保護者の意向が尊重されることもお伝えします。

その手続きの中で、お母さん方が嘆かれるのは、子どもの存在が認められていないという思いになることです。ある時、就学相談に出向いたところ、古い校舎の2階で行われて、エスカレーターもスロープもなく、通された部屋には、机の上に画用紙と色鉛筆が置いてあって、担当者は子どもを見たとたん、「結構です」と何もしないで帰されたというエピソードもありました。歩行が難しく、手にマヒがあって自由に動かしにくいということも知らず、その上で、できるやりとりを工夫しようともしない対応に、静かに怒っておられました。

また、お兄ちゃんと同じ集団健診の葉書が届いたので、電話をして状態を伝えると、「間違えて発送されました。来なくていいです」と言われたという話もあります。いずれにせよ、地域で暮らす子どものことを行政が把握していない事実に、存在を認められていない思いにさせられるのだと思います。

呼吸器をつけた男の子のお母さんは、夏前から毎月のように教育委員会とのやりとりを繰り返しました。はっきりと断られることはありませんが、前例もなく、個別に粘り強く交渉するしか手立てはありませんでした。校長をはじめ学校側は比較的好意的なのですが、教育委員会は積極的に推奨しているとは思いにくい対応でした。「いろいろな子どもたちの声が行きかう中で過ごさせたい」と願うお母さんとは、「一緒に過ごしていこう」と考える大人に会えるかどうかをポイントにしました。医療的ケアの条件整備に視点を絞りすぎると、警戒されて不快な思いをさせられるので、冷静に進めようと話し合い、メリットとデメリットを整理しながら過ごしました。階段、トイレ、車椅子から降りて体を休めるスペースなどのハード面も重要でした。お母さんの付き添いが前提にされることは、せっかく〈通園〉では親子が独立して活動してきたのに、とも思えました。

結局、支援のある学校に在籍して、週1回は定期的に地域の小学校通常級で過ごすことになりました。学校選択のプロセスで、支援学校の先生方もこの子のことをよく理解して下さり、学習内容も工夫されて、2年生になって会った時は、とても自信を得たような表情をしていました。お母さんは学校内待機ではありますが、一息つくこともできて、学校生活の様子をうれしそうに話して下さいました。

まだまだ、個々の家族の粘り強い努力と、好意的な学校関係者の存在による面が大きいですが、柔軟な組み合わせが可能になる中で、地域に生活する子ども同士がつながり合えることを期待しています。

8　子どもが亡くなった場合

これまで、たくさんの子どもたちを見送りました。いつも命を心配しながらそばにいますが、入院してかなり厳しい状態と医師に言われても、また戻ってくれる場合もよくあります。昨日来ていてたくさん笑っていたのに、翌朝、息をしていないと連絡があることもあります。ようやく体調が整って、笑顔や声を出すことが増え、さあこれからと楽しみにしていた矢先にということもあります。全く、予測も気持ちの準備もなく、その時を迎えることが多いような気がします。

この役割を仕事として始めたばかりの時に、クラウスとケネルという医師が書いた、『母と子のきずな』というタイトルの訳本を読んでいたら、子どもが亡くなった時の話が出ていました。そこには、スタッフの任務の一つとして、「両親の独特の個人的な必要を満たすこと」と書いてあったのですが、私はまだ若かったので、それが何のことかよくわからなかったのを覚えています。そして、そのあと何人も見送る中で、「結局こういうことだったんだな」と思うようになりました。つまり、ある種の通過儀礼というのでしょうか、「もうこの子はこの世にいないんだ」ということを心に収めるプロセスで、何か儀式のようなその家族独自の表出の形があり、子どもが生きていた時に一緒に過ごしたスタッフが、これを受けとめることが大切だと解釈しました。

筋ジストロフィーの診断で、一人で座るのも難しい3歳の男の子がいたのですが、亡くなったあと、ご両親は、「もし立ち上がったら身長が78センチなので、この子がここに通った証《あかし》にここに置いておいて下さい」と、同じ高さの樹木の鉢植を置いて行かれました。また、誤嚥《ごえん》性肺炎の心配から、チューブ栄養で一度も口からものを食べたことがない2歳の女の子がいたのですが、お母さんは、亡くなってから毎日お菓子を作り続けたそうです。「今日でやめます。だから、この最後のお菓子を先生たちで食べて下さい」と送って下さいました。普段は何もいただかないことにしていますが、この時はみんなで分けて大事に食べました。

もう一人忘れられないのは、脳に疾患があった2歳の女の子のことです。知らせを受けてすぐおうちに飛んで行くとお棺が置かれ、これからご親戚が集まろうというタイミングだったのか、お花に囲まれていて、お父さんとお母さんがいらしたのです。すると、お父さんから、百枚くらいのスナップ写真をプリントして簡易な冊子に入れたものを、「先生、これを見て下さい」と渡されました。まだ入園して間もないお子さんで、お父さんとも初対面だったので、「小さい時からの写真かな」と思って冊子を開けると、病院で亡くなってからお洋服を何回も着替えて、ご両親やご親戚みなさんで交互に抱っこしている写真なのです。つまり、その写真は全部、亡くなったあとの写真だったのです。

すぐそばにお棺があってご本人はいるし、私はそのたくさんの写真を手にして一生懸命見ました。何を言ったのかは正確には覚えていないのですが、「こんなお洋服も着たのね」「おばあちゃんも抱っこしてくれたのね」とか、言ったかもしれません。赤い着物もあって七五三のお祝い用に用意してあったのでしょうか。それらを全部一生懸命見て、「拝見しました」と言ってお返ししました。そういうことを通して、子どもを送り出す形を家族が選び、生前を知っているスタッフと共有したいというお気持ちなのかもしれません。

それらの体験から、「ああ、クラウスとケネルが言っていたのは、こういうことなんだ」

と、つまり、その家族独自の、子どもとのお別れの形を受けとめる役割をとるということだったのかと思いました。本当にご家族それぞれの形なのです。

グリーフケアとは、身近な人と死別して悲嘆にくれる人が、その悲しみから立ち直れるようそばにいて支援することですが、一方的に励ますのではなく、相手に寄り添う姿勢が大切と言われています。また、その人の心を解放して気持ちを整理する場をつくる試みでもあります。

亡くなる前のこと、亡くなった時のこと、そしてその後に起きたことまで、心の中に焼きついているものが、一コマ一コマの描写のように語られます。亡くなった時に、そばにいられなかったこともあります。「ああすればよかった」「こうもできたのでは」という悔やまれる思いは、むしろ、時がたつにつれて膨らむようで、「時が解決する」という言葉は、気休めのように響きます。限りなく命の心配をし続けてきたものの、やはり、心の準備や覚悟は別物で、医師や祖父母から、「十分生きた」「寿命だ」と言われても、心にしっくりこないのでしょう。

ご夫婦で子どもの思い出を語り合えるという関係でも、ほんの小さな気持ちのズレやご自分の情けなさなど、家庭内では言葉にしにくいこともあるでしょう。そのような時に、相手からの表出に寄り添い、心を解放して気持ちを整理する場をつくることは、とても大切な役割だと思います。

ご家族それぞれに大事にされることがあり、お気持ちもいろいろです。ですから、私は、まずご家族の思いをしっかりと確かめたいと思っています。

私たちが、亡くなったということを知る経緯もさまざまです。ご家族から直接お電話で主治医や〈通園〉に知らせて下さることもあれば、リハビリスタッフに、「今日の予約の時間には行けない」という形で報告があって知ることもあります。警察が介入して、宿直の医師に電話でセンターに通っていたかなどを確認してきたことで知る場合もあります。友達のお母さん経由の時もあります。間接的な情報の時は、心配な気持ちを抑えてしばらく待ちます。何か訳があって連絡に時間がかかっているのだろうと思いながら過ごしているうちに、お電話がかかることもあります。なかなかご連絡がない時は、その日の仕事内の時間ギリギリに、「気になってお電話したのだけれど」とお声を掛ける場合もあります。

しばらくお話を聞いたあと、「お別れに行くことはできるか」「お仲間のお母さんたちにお話ししてもいいか」など、お気持ちを伺います。必ずしも葬儀をなさらない場合もあって、「今日の夕方なら、来ていただいたら会えます」と言われた時は、可能なスタッフみんなで出向きます。場合によってはすぐでなくとも、お互いの都合のいい時におうちにお伺いします。「クラスのお母さんたちに言うのは、葬儀が終わってからにして下さい」と言われた時は、そのようにします。

それから、ほかのお母さんたちにも、気持ちを向けたいと思います。「明日は我が身です」

とおっしゃるお母さんもいらして、そういうことがあった時に、私たちがどういうふうに対応するかを見ておられます。グループ仲間の子どもたちやお母さんたちには私から話します。「もう一緒に遊べなくなったんだけど、トランポリン、一緒に乗るのが大好きだったね」「おじいちゃんのおうちで、たくさんのご親戚と楽しく過ごして、次の朝にやさしいお顔で眠るようだったそうです」などと伝えてきました。

仲間のお母さんたちは、お通夜などに出向きたいお気持ちがありますが、寒い時期のことも多いので、実際にはなかなか足を運べません。そのため、し残した気持ちにならないように、クラスのみんなで、お母さんが子どもの手をとって花紙をくしゅくしゅと丸めてお花を作り、小さな籠に入れてアレンジメントにしてお通夜に届けることもあります。それを写真にとって、あとからお手紙を添えてお送りすることもあります。そして、一緒に遊んだプレイルームには、いつもカバンなどを入れる各自の棚があるのですが、そこは、すぐには別の子どもが使うことはせずに、その年度の末までは、小さなクマのぬいぐるみを置いたこともあります。

もちろん、スタッフたちは、みんなとてもつらい気持ちです。心の準備などできていないわけですから、言葉少なになってしまいます。私は、なるべく話題にして思い出話をしましょうと声を掛けています。「〇〇ちゃん、こうだったよね。ああだったね」と、こういう時はみんなで言って、心の中の思いを出し合おうと話しています。ある時は、翌日が運動会ということもあり、その時は厳しかったですが、懸命に運動会の時間を大事にしたことを思い出します。

スタッフの研修会でここまでをお話ししていた時期があって、終了後に、看護の責任者をしておられる方から、「先生、あそこまでじゃ駄目なんです」と言われました。つまり、若い看護スタッフの中には、「あの時、ああやっていれば」という、し残した思いがある場合があり、それは同僚に言うことも時として苦しく、フォローが必要ということでした。特に、看護スタッフは、医療的に気づいていたことがある場合も多く、そのことが命を左右したのではと感じると、これを言葉にすることは難しいことでしょう。

そこで、いろいろ考えて、それ以降は、そのような思いを自分の心から外に出せることも大事なことと話すことにしました。通常、私たちは、仕事上で知り得たことを職場外では話題にしないように過ごしていますが、それは、何一つ言ってはいけないということではありません。職場の同僚でなくても信頼できる人であれば、「今日、ずっと接してきたお子さんが亡くなってね。その前に会った時、なんかゼコゼコしていてその音がいつもと違ったような気がして、気になっていたのだけれど、そばに行かなった。あれが、どうも、し残した思いでね」というようなことを言うことは、決していけないことではないと思います。個人が特定されるようなことを言うことはできませんが、言い方に気をつければ許されるものだと思います。

自分流にし残した思いを語るのは、むしろ、職場ではないほうがいい場合もあります。悲しいことや切ないことがたくさんある場です。だからこそ、スタッフ自身の精神衛生も大切にしたいので、最後の章でもう少し詳しく述べます。

第４章　乳幼児期のグループ活動の持つ力

1　「療育」とは

通園機関でのグループ活動は、実に豊かなダイナミズムが展開します。これは、子どもたち、お母さんたち、そしていろいろな専門性を持つスタッフたちの力が、複雑に絡み合いながら力を発揮するからです。このような場を「療育」と呼びます。

この言葉は、センターの整形外科医であった高木憲次氏が提唱したもので、センターの正面玄関を入ったところに「療育の碑」が建っています。狭義には、「心身の発達に『障害』を持つ児・者への治療・教育・社会的援助を目的とする専門スタッフによる総合的アプローチ」、広義には、「『保護対象者』としてではなく、身体・精神・社会的に著しく不利な状況における『生活主体者』としての、人間性の回復あるいは獲得の理念をも意味する」と説明されています〔武藤、1993〕。

臨床活動をしていると、お母さんたちも、時を重ねるごとに、「本来はこのような方だったのだな」と力のある頼もしい面が戻ってきて、「人間性の回復」とはこういうことなのだなと思わされます。

2　乳幼児期は親子の関係を育む時期

乳幼児期は、親子の関係を育《はぐく》む大切な時期です。この時期にどのような体験をするかが、子どもの性格形成と親子の関係形成との双方に深くかかわるからです。ある3歳の男の子を育てているお母さんが、「うちのお父さん、お父さんとしてはまだ3歳なので……」と話されていました。そのとおりで、子どもの成長とともに大人たちも成長していくのでしょう。小学校にあがるまでにお互いをわかり合い、双方が人好きで訴え上手になっていることを目指しながら、この大事な時期の親子を見守っています。

ある2歳の男の子は、登園するといつも泣いていました。お母さんがなだめてもスタッフがなだめても、なかなか泣きやんでくれません。毎回グループ活動に来るたびに泣くので、お母さんは「今日も泣くんでしょう」といいながらも、根気よく連れてきて下さっていました。私は、「泣きたい時は泣いたらいいよ」などと声掛けをしながら、タオルブランコをして揺らしていました。表情からは、悲しくて泣いているというよりは、不快で何か気持ちが落ち着かないように見えました。生まれてすぐに入院し、お母さんから隔てられ、検査やチューブ交換など痛いことも多く、心地よいことが少なかったのだろうと思います。

そんなかかわりが2年以上も続いたある日のこと、お母さんが「なんだかあお向けで寝ている時に腰を両側から持ち上げると、ふと笑うんですよ」と知らせてくれました。「どれどれ」と腰をちょんちょんと持ち上げてみると、確かにふっとうれしそうな表情になります。こちらもうれしくなってお母さんと交互に何回もやってみました。確かに、繰り返し笑います。こうなると強いのです。「これをすると確かに喜ぶ」ということが見つかると、何をしてあげればいいかがわかります。これまでの長い2年あまりの日々に、「ああでもない、こうでもない」といろいろ働きかけて、嫌でない心地よい思いにつながることを探し続けました。

この、一見結果の見えにくい時期をお母さんと一緒に過ごすことが、幼児通園の大きな役割の一つだと思っています。バケツに水を一滴ずつためて満杯にするには、時間がかかります。根気のいることではありますが、一滴ずつ着実に水をためていくことによって、いつかは水がバケツ一杯になり、縁からあふれ出します。まさにこの時に、たくさんためた体験が実を結ぶように、形となって外に見えるようになるのです。私は、これを「バケツ理論」と呼んできました。そこまでの一見混沌とする時期を、お母さんと一緒に過ごしていること、今していることが必ず実を結ぶと解説しながら、手ごたえの見えにくい時期をそばにいることが大事な役割です。

3　「生活が豊かになる」とは

医療的ケアやリハビリを続けながらグループ活動に通う子どもたちにとって、「生活が豊かになる」とは、どういうことでしょう。それは、単に立派な行事や目新しい活動を次々用意するということではなく、とても身近で、応用の利《き》くものであってほしいと考えています。「心地よい気持ちの充足」とともに、「自発的な、人をひきつける力」につながるというものでしょうか。子どもたちがそのような力を身につけていくことによって、人と人との心の行きかいが変化に富むものとなり、そのことで「生活が豊かになる」のではないでしょうか。

この二十数年の間で、〈通園〉に通う子どもたちの生活状況は変わってきました。病院通いや入院を理由とするお休みが増えました。口から食べることは控えたほうがいい子どもたちが増え、お昼ご飯を一緒にする活動は取りやめました。絶え間なく吸引などが必要で、続けて眠ることが難しい親子も増えました。まだ2歳なのに、4回も大きな手術をしたという子どももいます。4歳で入園して、「3回も命があやうくなったことがあるので、もう感染を恐れるより友達と過ごす生活を選ぶことにしました」と話すお母さんもおられます。だからこそ、「お薬や体のリハビリと同様に、人としてあたりまえの豊かな生活経験が大事！」と、つくづく思うのです。

何人かのお母さんに、〈通園〉に通っていて、どんな時に生活が豊かになったと感じたかをお尋ねしてみました。すると、「ようちえんでの『お名前呼び』を家でも繰り返していたら、自分の手をふと動かすのが上手になってきた」「ようちえんでかかるいつもの音楽が流れると表情が変わるので、家でも音楽をかけるようになった」「子どもたち同士で手をつなぐとお友達をよく見るようになって、公園に行ってみようかと思っている」など、ささやかな日々の活動の中に生活でのヒントを見つけて、ご家庭で実践して下さっているのです。そのような活動を積み重ねていくことで、子どもたちがいっそう人好きになって自発性が高まり、そのことがお母さんたちを誘って、ご家庭でのかかわりの可能性が広がっていくのです。つまり、「生活が豊かになる」工夫は、子どもたちの姿に誘われて豊かになります。

4　多職種協働による豊かな生活経験

そのような「生活が豊かになる」ためには、療育チームによるグループ活動が大切だと考えています。つまり、グループ活動の中で、遊びの専門家である保育スタッフをはじめ、ＰＴ

（理学療法士）・OT（作業療法士）・ST（言語聴覚士）・心理担当者、そして看護スタッフが、それぞれの専門性を生かして一緒に活動するという体制です。

もちろん、別の時間帯に個別の面接等も平行して行い、個々のニーズに応じていくことも必要ですが、集団という場は、とても生活に近いものだと思います。どんな姿勢や用具を活用すると、自分の力でできた気持ちを感じ取りやすいか、今の気持ちをどのように読み取って声を掛けようか、休憩はどんなタイミングでとろうかなど、実際的な体験が積み重ねられます。また、自分以外の人がいると、いろいろと突発的に予測を超えた出来事が起きることがあります。それらに対処して気持ちを合わせていくことが必要で、そのような柔らかい心が育つことは、人として大切なことです。「生活する」ということは、まさに、そういうことの連続です。

さらに、集団にはダイナミックな力があります。子ども同士・お母さん同士・スタッフ同士など、互いに自分と異なるさまざまな人がいることで、改めて自分という存在を捉えなおすチャンスになることもあります。一緒にいることで、一人では難しいことも勇気につながって、乗り越えられることもあるでしょう。

次に大切なことは、どのような体験を選んで積み重ねていくかということです。稀《まれ》に、ほかの通園機関のスタッフから、「揺れて動くのが好きなので、黙って30分間ずっとトランポリンをしました」などと聞くと、とても残念に思います。体や心の発達課題に情緒的な生活感を添えて体験していきたいと思います。

活動内容の組み立てとしては、保育園や幼稚園で取り入れられている保育内容に対応させて、年間の大まかなカリキュラムを用意し、季節感を大事にして、年間行事や自然との触れ合いも組み込んでいきます。乳幼児期にあたりまえに経験してほしいことは、誰にでも共通すると思うのです。そうすることで、きょうだいやお父さんなど、ご家族での話題も広がるでしょう。そして、それらを基本にしながら、通っている子どもたちが今好きになってきたこと、得意になってきたことを重ね合わせて展開していきます。

子どもたちが「喜んで楽しめる」ということは、「発達のプロセスに合っていて、わかりやすい」ということだと思います。子ども好きな保育スタッフは、もちろん発達の勉強もしていますが、絶妙なカン（?!）で、子どもたちが喜ぶことを探し出すのが上手なのです。それらを、少しずつ膨らませ、重ね合わせ、角度を変えて、年齢に応じてステップアップしながら展開していきます。

5　グループ活動の実際

２００８年から２０１７年の10年間に〈通園〉に新しく入った子どもたちの保護者が、入園を希望した理由として挙げたのは、「子ども同士の触れ合い」「かかわりの手がかり」が最も多く、「専門的な指導」「親子共に楽しい経験の広がり」「親同士の仲間関係」がそれに続きました。お母さんたちは、日々の医療的ケアやリハビリが欠かせない中で、ともすると母子のみが中心の生活で、どのように子どもにかかわったらよいかの手がかりを求めながら過ごされていることが推察されます。

子どもが一人という家族に限らず、きょうだいがいても外に遊びに出て行ってしまい、お母さんと医療的ケアが必要な子どもが二人で家にいることが多い場合もあります。ですから、集団の場に出向いて、ほかの親子と触れ合うことはとても貴重です。そして、お母さんにとっても、楽しい時間であってほしいと思います。

子どもが入院すると、心配に加えて、お母さんの生活も大きく制限されます。病院によっては、付き添いが求められてもお母さんのベッドはなく、子どものベッドに一緒に寝て「寝返り禁止」の場合もあります。ある病院では、面会に行くと狭い空間のベッド脇に置かれた四角い台のような椅子にお母さんが座っておられ、どこで寝るのかとお尋ねすると、その椅子を並べて足は下ろした状態で寝るとのことでした。そのような日々が断続的に繰り返される中で、グループ活動にいらした時には、ほっと心温まる時が過ごせればと切に思います。

そのようなお母さんたちの中には、どのように遊んだらいいのか、とても戸惑っている方もおられます。医療機器がついていて、「トランポリンなんか乗れるのか？」「積み木なんて積めないし」などと、遊ぶというイメージが浮かばないお母さんもいらっしゃいます。

そもそも子どもにとって、遊びは生活そのものであり、周りのことを知って理解する機会でもあります。遊びを通して体の発達が進み、人と折り合いをつけて生きる力、役割を果たす力、自分でやろうとする思いも身についていきます。そして、これらのことは、意図的に行われているわけではなく、遊ぶ中で自然と身についていくということが、遊びの特徴です。そのような遊びを通して、子どもたちは、自分という存在を意識し、自分から何かを始めたり選んだりすることを喜びと感じ、人といることの手ごたえを心地よいものとして生きていく力が育っていくのが、保育的な環境なのです〔津守、１９９７〕。

医療的ケアが必要な子どもたちは、命を守ることが優先されて、なかなか遊びの機会が得られにくい上、いろいろな機器を使っているので行動の制限もあります。だからこそ、子どもにとって気づきやすく、わかりやすく、心地よく、なんだろうもっとやってみたいと思えるような遊びを、子どもに応じて見つけていくことが求められます〔齋藤清美、２０１７〕。前にも触れたように、グループ活動では、保育園や幼稚園で活動の基本となる保育指針にのっとって活動を組み立て、日常生活で医療的ケアが必要であることにも配慮して遊びを工夫することが大切です。そのような遊びを展開する工夫について、いくつかの視点を挙げていきます。

(1) 見て、聞いて、触れる活動の幅を広げる工夫

次の見開きの４枚の写真は、上下の写真がそれぞれ表裏を写したものですが、〈通園〉では「クルルン」と呼んでいるペープサートの活動です。歌に合わせてくるくると回すので、このように呼んでいます。

乳幼児期の子どもたちは、絵本の読み聞かせなどがとても好きで、お母さんたちにとっても、絵本選びは楽しみなことの一つでしょう。しかし、前にも触れたように、医療的ケアが必要な子どもたちの中には、「検査上は見えていません」「聞こえているかはっきりしません」などと医師から言われている場合もあります。それでも、そばにいると、なんとなくそちらを見ているように感じられたり、ふと音に気づくように体を動かしたりして、徐々にそのような力も育ってくるのではと期待して活動を進めます。

この活動では、例えば、クルルン①では、ピンク色のウサギさんの傘はどんな傘かなとペープサートをくるくる回すと、オーガンジーという布に綿が包まれた裏面が出てきます。それでは触ってみましょうと一人ずつ手で触れると、柔らかく、ふわふわの傘だねというストーリーになっています。次に、ヘビさんの傘はどんな傘かなと回すと、裏はリップルボードという、

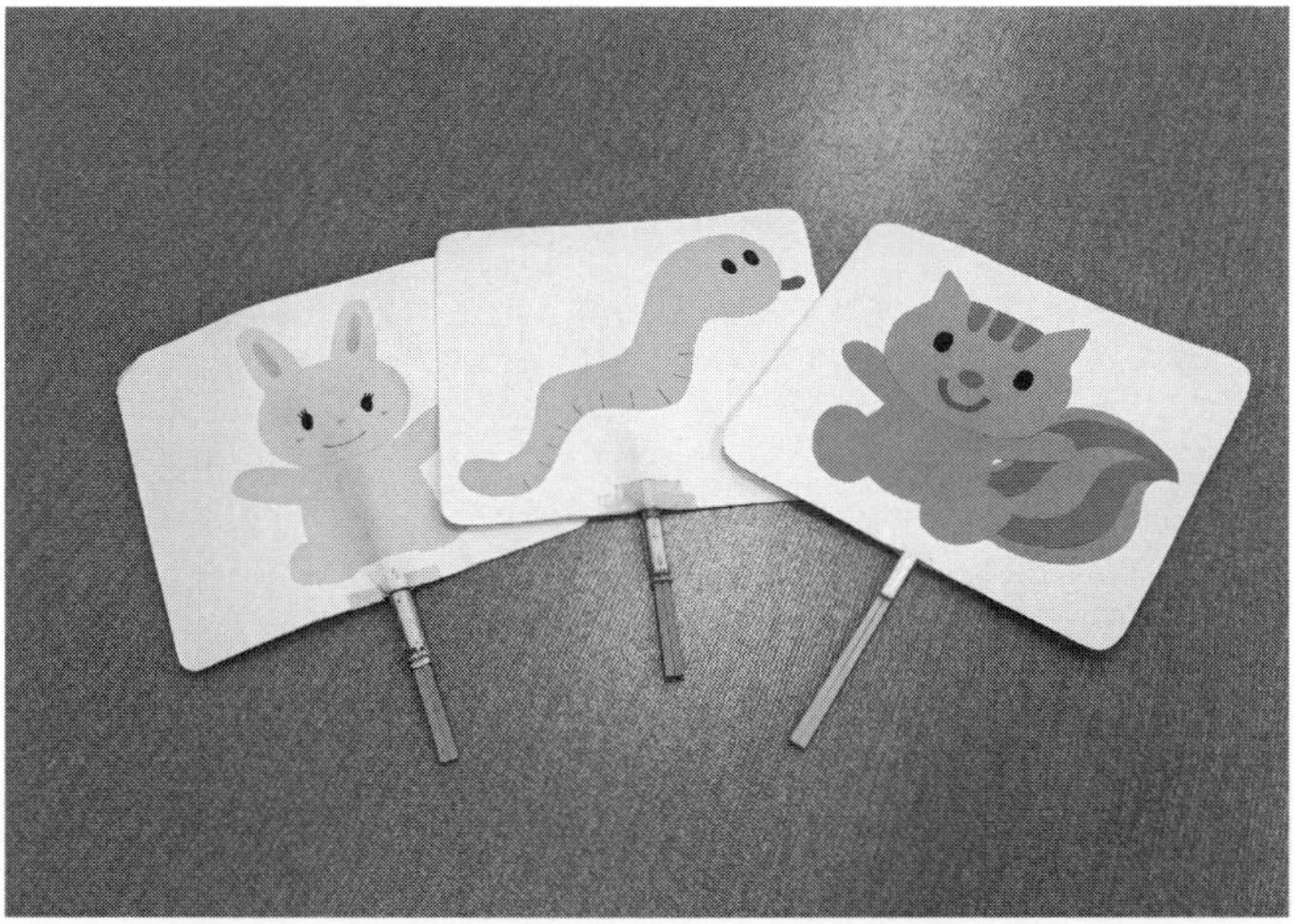

〔上〕「クルルン①」の表(ウサギ、ヘビ、リス)
〔下〕「クルルン①」の裏

〔上〕「クルルン②」の表
〔下〕「クルルン②」の裏(カエル、カラス、ヒツジ)

波打つような手触りの段ボールでできた傘で、ニョロニョロの傘だねというストーリーです。そのような歌に合わせたバリエーションを、保育スタッフは豊かに考えつきます。クルルン②では、みどりの傘の裏はカエルさんで、動きのある毛糸のボンボンの手と握手ができます。黒い傘はカラスの傘で、羽を動かしてカアカアと飛ぶので、そこはうちわのように扇いで、風が顔にかかります。クリーム色のヒツジさんの柔らかい肌は、百円均一のお店で手に入れたモップです。

シンプルな色合いとペープサートのくるくる回る動き、ストーリーがあり擬態語が入った歌が繰り返され、そこに手触りのバリエーションが絵の内容にもマッチして、少しずつ変化した体験として用意されています。絵本と異なってどの位置にも運びやすく、体を横にした子どもにも視界に入るように提示しやすくなっています。

積み重ねるうちに、ピンクのウサギさんの手触りの時はうれしそう、黒いカラスの時はちょっと顔を横に向けてあまり好きじゃないかもしれない、などと個性を発揮して選ぶようになり、大人たちはうれしくなります。そのような活動の延長線上に絵本を見る活動があり、大型の絵本や、子どもたちが同じように体を動かすことができるような内容の絵本（だるまさんが揺れたり、ぴょーんと飛び跳ねたり）、身近なストーリーの絵本（ぞうくんのさんぽのような）へも、発展していくのです。

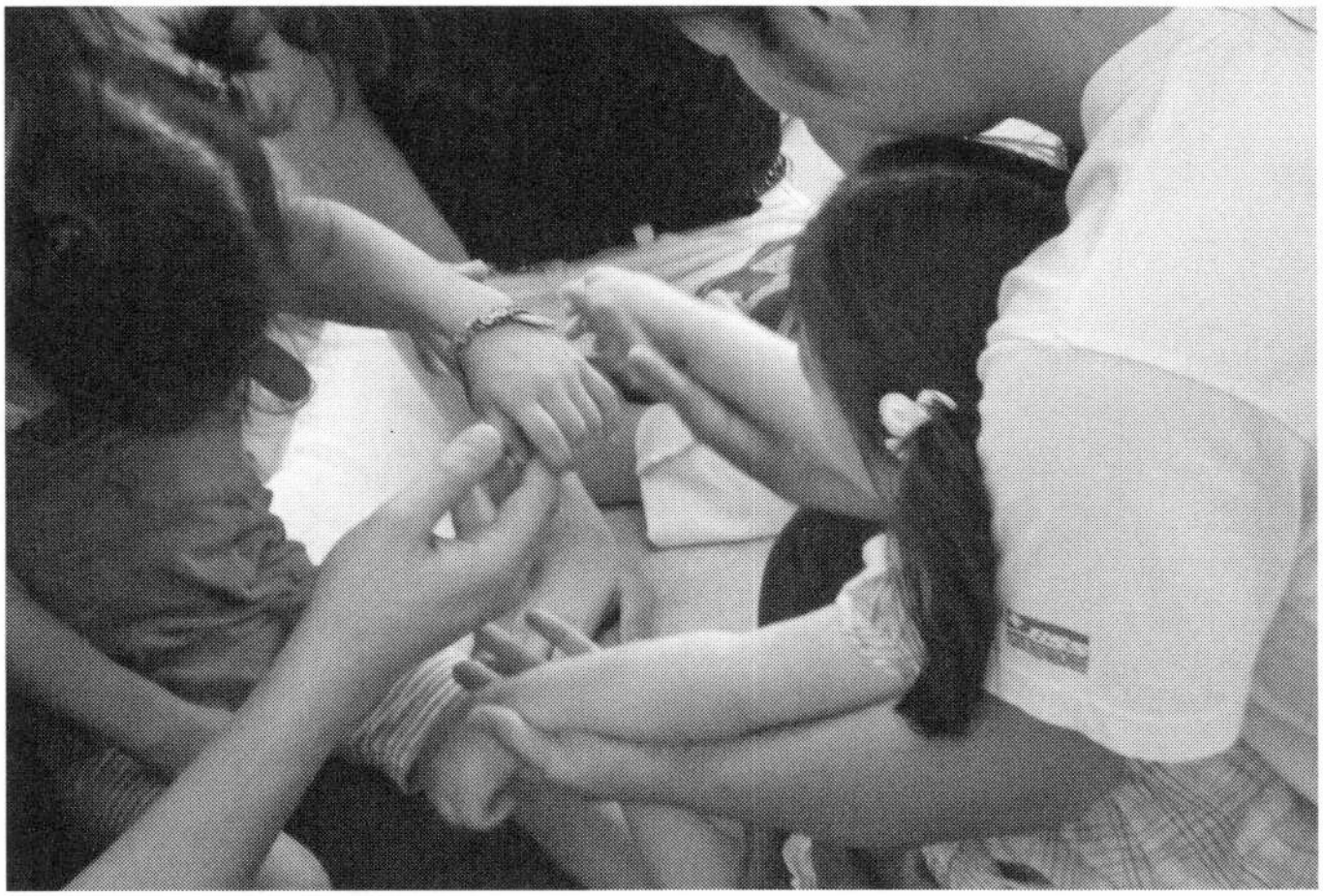

「あいさつごっこ」遊び

(2) 子ども同士のつながりを意識しやすい工夫

子ども同士がお互いに気づき合うことも大切です。同じ空間に一緒にいることが感じ取りやすいように、始まりのあいさつも、小さな丸い台を囲んでお互いが見やすい位置で行います。「自分」対「おおぜい」はまだ捉えにくいこともあるので、遊びの中で「あいさつごっこ」をするのもいいでしょう。お母さんや先生に抱かれたり支えられたりしながら、手を触り合ったり、くすぐり合ったり、「お肌が白くてツルツルだね」と友達に触れたりしながら心地よさげにしている子もいます。「まだ、ごあいさつしていないのは誰だっけ？」と先生が言うと、キョロキョロ見回している子もいます。

ほかに、布製の大きなブランコに友達と窮屈そうに二人乗りをすることや、公園でブランコに乗る友達をお母さんと押す役をすることなど、子ども同士が直接触れ合う活動を工夫したいものです。

(3) 得意なことを活かして、家で使えるおもちゃをつくる工夫

制作活動では、季節のテーマに合わせて、子どもたちが得意になってきた操作や動作、気づきやすい素材などを活かしておもちゃを準備して、経験を広げます。お母さんたちは、大事に持ちかえってたくさん使って下さるので、1日でこわれてしまうこともあり、またおうちで作って応用できるよう、身近な素材を使うことが大切です。

また、テーマは同じでも、写真のようにいくつかの見本を考えます。例えばこいのぼりは、シール貼りが得意になった場合は、紙製がいいかもしれません。京花紙をクシャクシャと丸めることに馴染《なじ》んできた場合は、ビニール袋に入れて目のシールを貼ってみました。小さなこいのぼりのほうがつかみやすい場合は、子どものこいのぼりです。決して同じものを作る必要はなく、お母さんと一緒に、「どれが好きそうか、遊びやすいか」と考えて選んでいきます。

七夕かざりでは、見ることを誘いやすくするには、キラキラした素材が気づきやすいので、大人がゆっくり動かして見せやすいデザインも一つのアイデアです。音のあるほうが気づきや

こいのぼり、七夕かざりなどの見本

すい場合は、星の裏に、小豆《あずき》やビーズや鈴を入れたガチャガチャのケースをつけてみました。上をゴムにして下にスズランテープをつけ、手をかけてひっぱりやすくすると、かわいらしい音がします。クレヨンが得意になってきた場合は、星に色を塗ってみましたが、赤いクレヨンを選んだので恥ずかしそうな顔の星になりました。右下の小さな赤鬼は、起き上がりこぼしタイプになっています。

　このような制作活動では、姿勢をうまく保ち、手の動かし方の手伝いがしやすいように、PTやOTが勧めてくれた椅子や机、画板やはさみなどを活用すると、自分でできたという気持ちが育ちやすくなります。おうちで使うご希望がある時は、それらの材料や道具がどこで手に入るかもお知らせしたいと思います。

(4) 自然に触れてプロセスと結果を味わう工夫

植物や作物の栽培は根気のいるものですが、そのプロセスを活動でつなぎながら、結果として収穫されたものも楽しむことができます。

ベランダのプランター栽培では、朝顔、ふうせんかずら、ゴーヤなども育てやすいと思います。土の中に朝顔の種を入れ、お水をかけると伸びてくる様子を、保育スタッフがつくった立

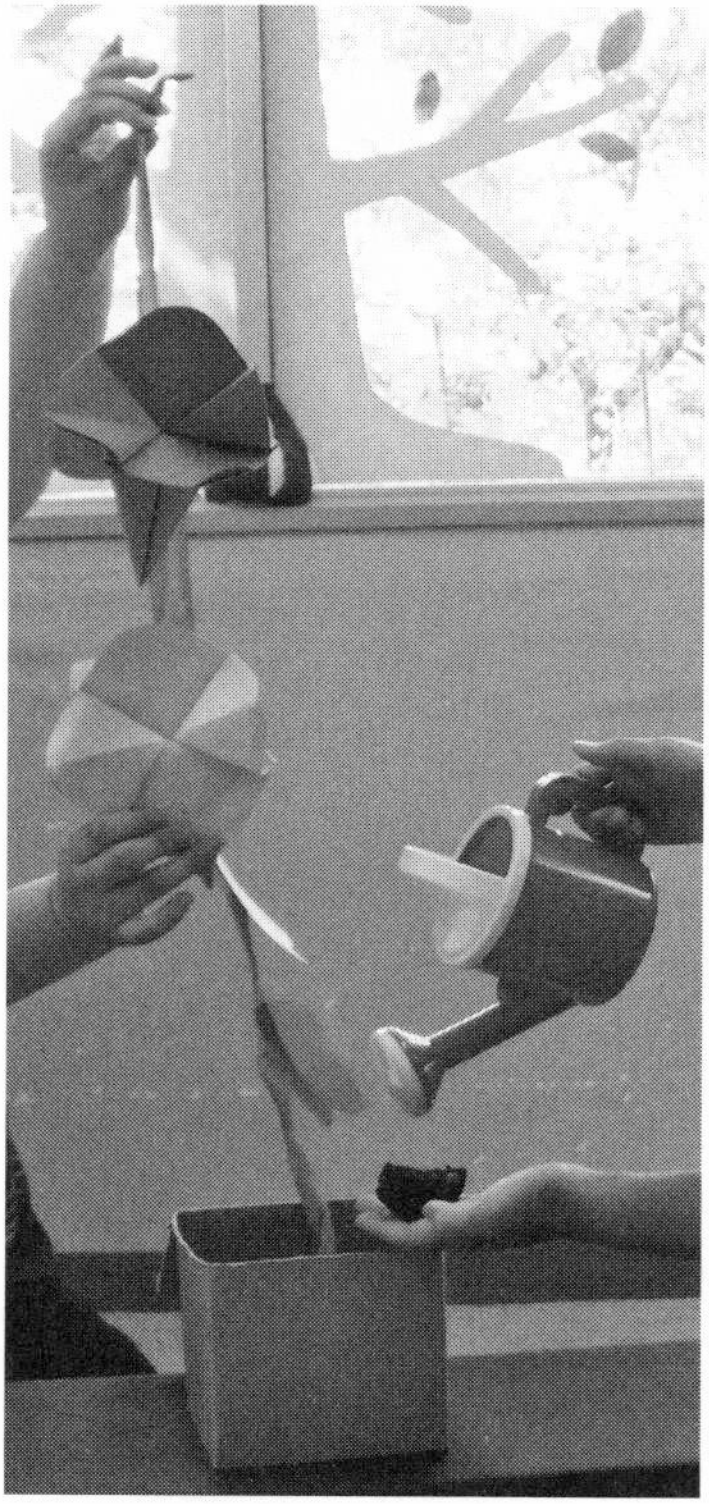

朝顔のお話の立体ペープサート

体ペープサートで、短いお話にしてあります。「たねをポン！ お水をジャジャジャジャーとあげると、ニョキニョキとのびて、お花がパッ！」と咲きます。特に、パッと咲くところは、子どもたちのお気に入りです。それを見てからベランダに出ると、普段は足の装具がやや苦手でも、小さなジョーロを持って水やりをする時は、装具が気にならないかもしれません。

雨降りの日は、「飲みすぎないように」と、水やりはお休みです。決まった活動が途切れると怒っていた子も、「そういう日もあるかな」と思えればと期待します。秋になってカラカラにかわいた種は、小さな透き通ったボウルを受け皿にして、指でほじって集めます。ゴーヤは、味は大人向きですが、子どもたちは手に持った感触が味わえます。

さらに、イネの苗植えもベランダで可能です。「いでたちから入りましょう」などと、スモック姿に手ぬぐいでほっかむりまでして、バケツを使った即席の水田に手を潜らせて植えるのです。お米が稔り始めて、さあ収穫という矢先、すずめに先を越されないように用心する必要がありますが。

(5) 自分のしたことが集団全体で活かされる工夫

グループの醍醐味は、仲間がいることです。個々の力を合わせると、みんなで新しいダイナミックな活動に広がります。

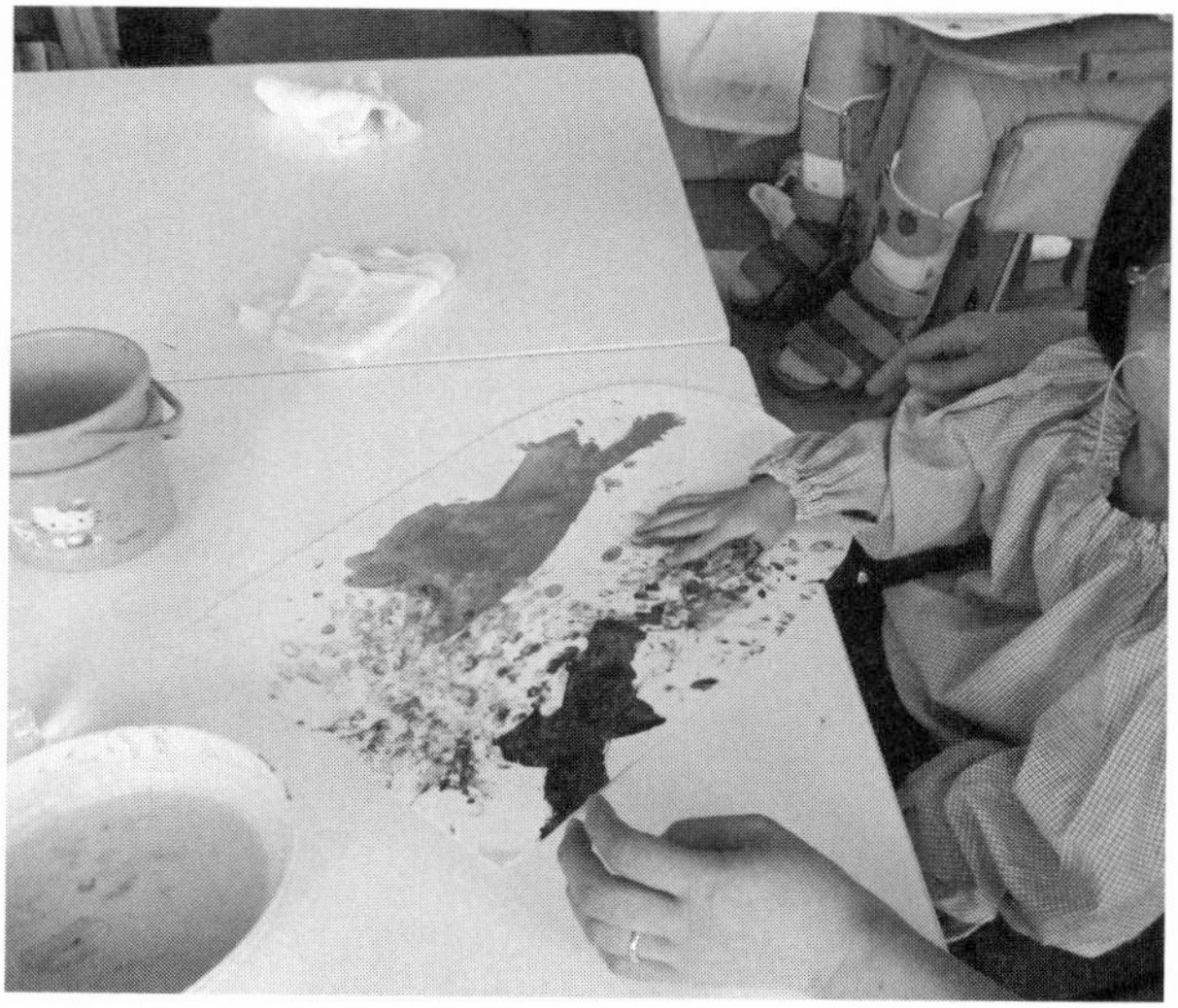

花びら形の画用紙に、一人ずつ絵を描く

みんなで完成したヒマワリ

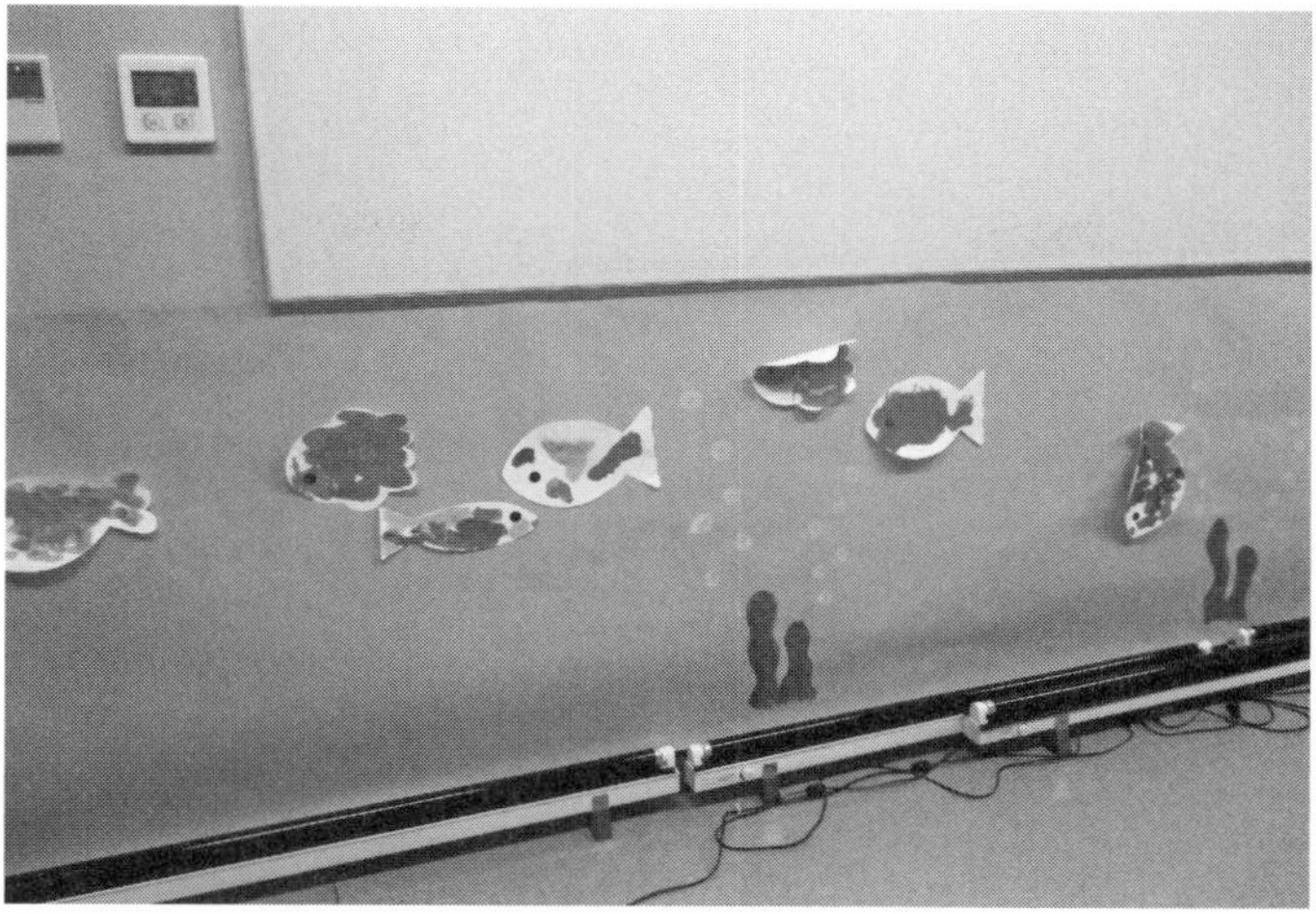

蛍光絵の具で描いた海の生き物たち

ブラックライトで照らした海の底

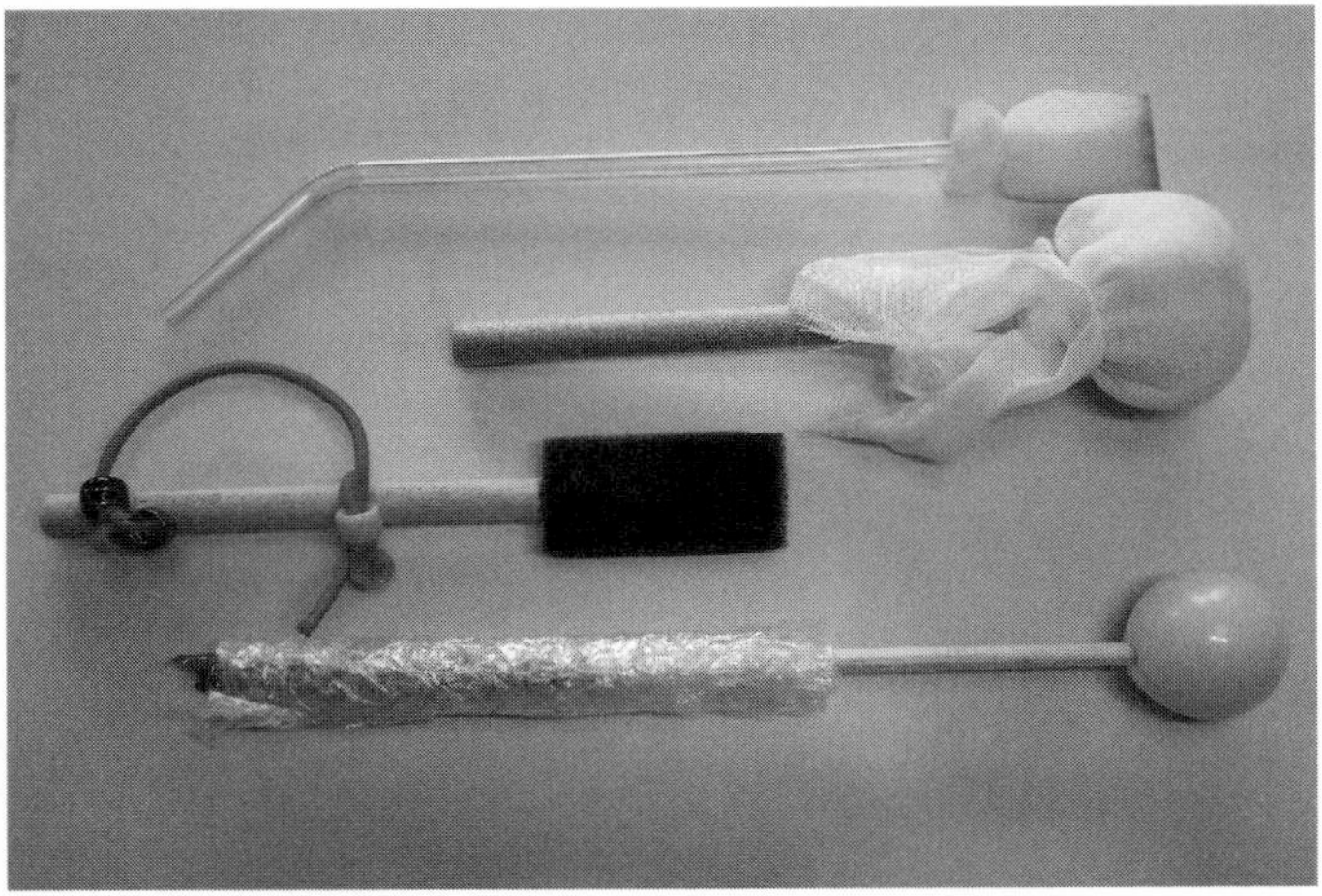

自分で持てるように工夫した筆

168〜170ページの5枚の写真は、それぞれ花びらの形にした画用紙に絵の具で絵を描いて、窓にヒマワリを完成させた時のものと、海の生き物の形にした画用紙に蛍光絵の具で色をつけ、ブラックライトで照らして海の底を楽しんだ時のものです。手で塗ってもいいですし、軽いものなら一人で持てるので、ストローを筆にすると、自分で描くことができます。アッピングボールに穴をあけた筆は、ポンポンと弾む音がして、描いている手ごたえが得やすくなります。握り続けるのが難しい時は、ゴムをビーズに通すと手もとから筆が落ちません。おさかなを貼る場所は、子どもたちの目線の合図を大事にして決めていきたいところです。海藻や水の泡が加わると、いっそう雰囲気が盛り上がります。いろいろな人のアイデアを出し合って、活動が豊かに広がるでしょう。

秋から冬と、年度内の活動が積み重なる中で、個々の活動から力を合わせた集団の活動へと広がっていきます。だからこそ、共通の仲間と一緒に活動を積み重ねることが大切なのです。

6　看護スタッフの役割の多様性

次に、子どもたちの豊かな経験のためには、やはり看護スタッフの存在が欠かせず、とてもたくさんの重要な役割を果たして支えていることをお話ししたいと思います。

「重症心身障害児者への支援」については、「障害を持ちながらも安定して前向きに心豊かに生きていける人生、広がりのある生活を送ることができるように」と、在宅生活を送る本人と家族を「支える医療」の重要性と比重の大きさが指摘されています〔北住、２０１１〕。また、「療育の中で看護師の果たす役割」として、「看護は生命を守る役目を担っています。守る役目だけではなく、生活を広げ、豊かに生きる援助の役目ももっているのです。（中略）リスクを予測しながら生活を広げ援助するには、看護は大変熟練した判断力や技術をもっていなければできません」と述べられています〔有松、２００９〕。

(1) グループ活動を支える看護スタッフの課題と役割

繰り返しますが、お母さんたちの多くは、「医学の素人」であるにもかかわらず、ある時から突然、医療的ケアをしなければならなくなります。心の準備もままならない中でそのような親子関係が始まる場合もあります。ようやく心の発達に気持ちが向けられた時に、グループの中に看護スタッフが一緒にいて、その時々の子どもの様子に合わせて助言しながら活動を進められることは、とても安心なことです。

〈通園〉には、病院のＮＩＣＵなどから在宅生活を開始したばかりの親子が多い初期的な親子合同グループと、数年集団経験を持つ子どもたちがお母さんから独立して（幼稚園・保育園がそうであるように）活動するグループに、看護スタッフが参加してきました。看護スタッフがいることで、お母さんが医療的ケアから解放され、就学を控えた子どもたちも、お母さんから独立した場を持つことが可能となります。

いつもお母さんがいてくれるのがあたりまえの生活をしてきた子どもたちは、戸惑いながらも、しっかり気持ちを伝える力が強くなっていきます。なにしろお母さんのように、ツーカーで気持ちが伝わるわけではありませんから、しっかり伝えないと伝わらないこともあり、そういう意味でも、気持ちをはっきりと伝える技が強まってくるのです。このことを、学校生活の始まる前の時期に、きちんと確保したいと思っています。家族以外に気持ちを伝える力が強まれば、空間が広くて人が大勢いる学校生活に送り出しても安心です。

このような活動の中で、看護スタッフが行っている課題と役割は、以下のようにまとめられます〔市原ほか、２０１０〕。

健康の維持改善の課題

○睡眠と覚醒のリズムをつくる
○適度の活動と休養のバランスを保つ
○呼吸を楽にする
○緊張のないリラックスした状態を多くする
○適切な姿勢を保つ
○適切な温度環境を整える
○体力を付ける
○色々な体験をし、精神面を充実させる

看護スタッフの役割

○お母さんからの情報聴取

○必要に応じた医療行為（吸引・吸入、呼吸介助）
○感染についての知識の習得
○環境の整備（室温の安定や加湿など）
○体力面でのきめ細かな観察（体調に合わせた姿勢の工夫、休息）
○医療面でのタイミング（いつもと違うところに気づく観察力）
○救急処置の習得
○お母さんの精神面の援助（不安軽減）

(2) お母さんを対象とした看護相談

看護相談は、数年の通園経験のある親子が独立したグループで、お母さんのグループワークとして月1回行っていました。講義形式から始まる場合もありますが、お母さんたちからの主体的な意見を尊重し、情報提供にとどまらず、ありのままの意見を表明できる場となるよう配慮しました。開始にあたっては、家族の個人情報が含まれるため、知った内容についての取り扱いを慎重にすることと、グループのメンバーに伝えても差し支えない範囲で発言することの2点に留意して、お互いの気持ちを守るようお願いして開始しました。

ねらいは以下のとおりです。

看護相談のねらい
○お母さんの情報交換の場になる
○お母さんだけのリラックスした時間を過ごすことにより気持ちの安定を図る
○生活面や医療面での問題の解決の場とする
○育児疲れによるＳＯＳをキャッチし対策をたてる
○家族の力を引き出す場とする

主なテーマは、「食事の工夫」「口腔内の衛生管理」「暑い時期のしのぎ方」「便秘対策」「感染についての注意」「予防接種についての考え方」「救急救命法」「災害時の対応」「お母さんの健康相談」「きょうだいサポート」などがありました。

例えば、「食事の工夫」に関しては、「大人の食事と異なるメニューを作ることに疲れた」などの訴えが出され、数回、普段の食事に関する様子を話し合ったのちに、実際に調理実習をしながら、大人用のメニューから塩分を減らす工夫や、食材の特性を生かしてとろみをつけるアイデアなどを学びました。

また、お母さんたちは、震災や停電などの緊急時についての不安が強く、「停電になった時、冷蔵保存すべき薬はどのようにしたらいいのか」「吸引器が使えないのでは」などの心配や、「呼吸をしていない時に、救急車が来るまでどうしたらいいのか」などの質問も出されま

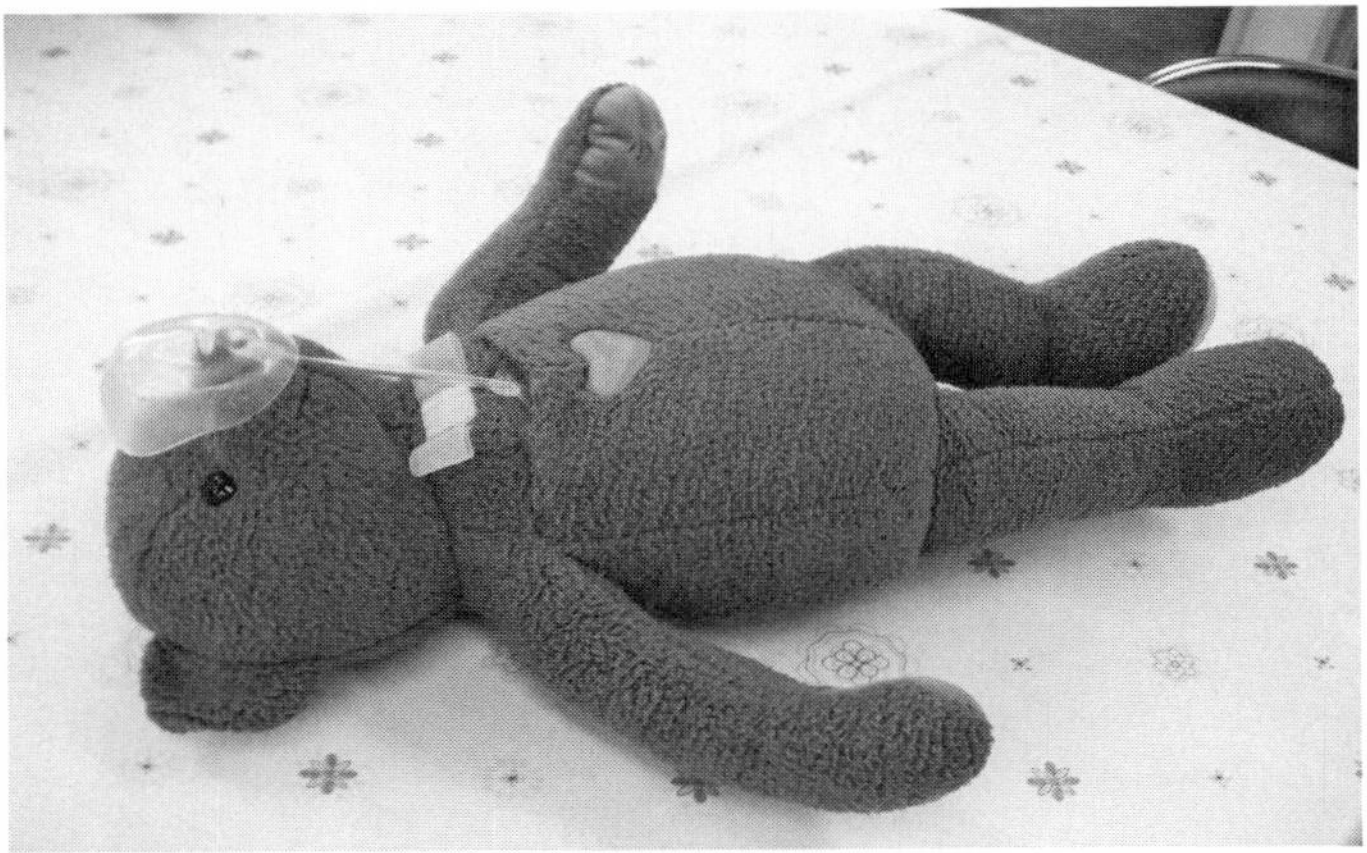

心肺蘇生が学べるクマの人形

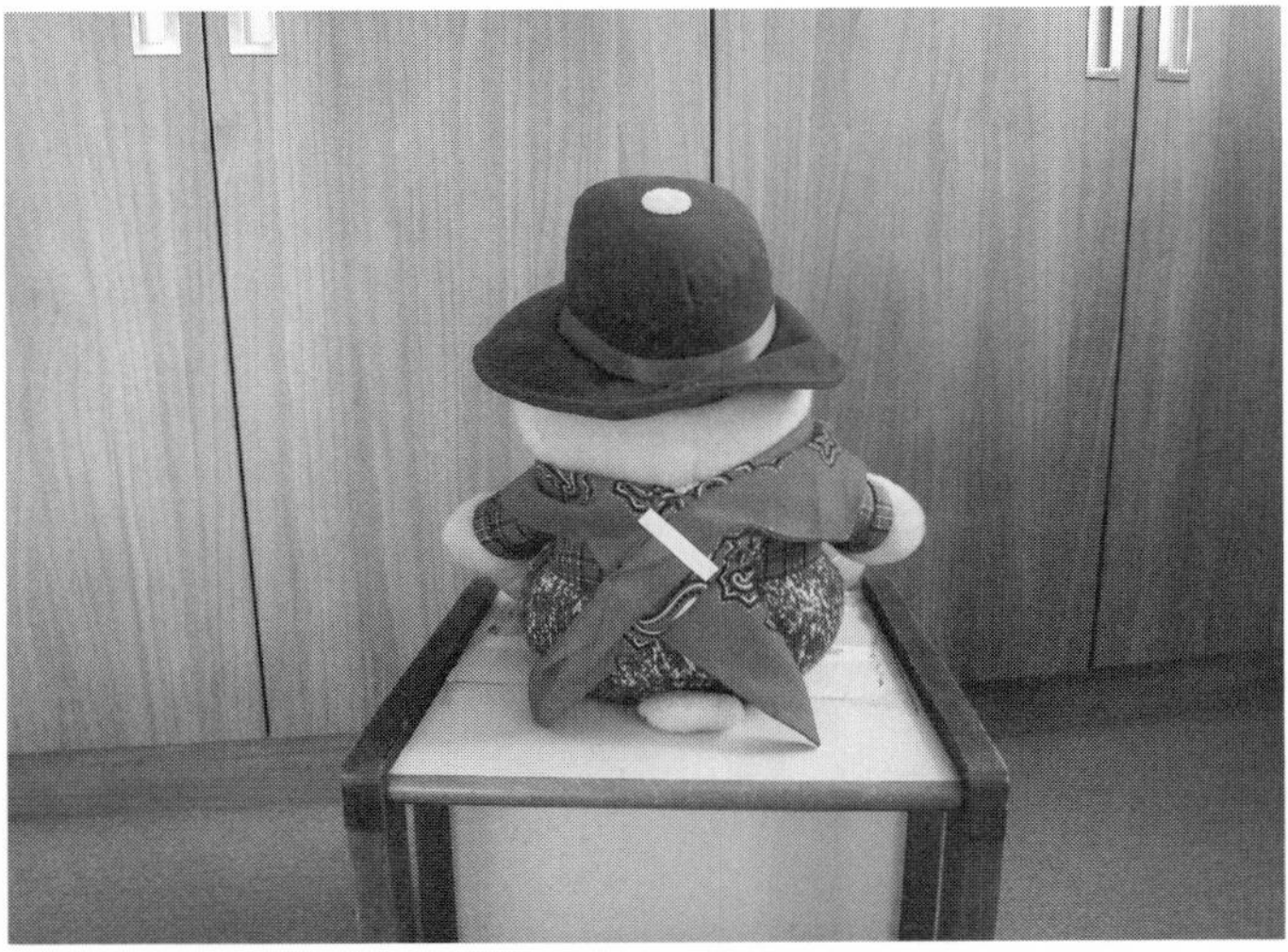

感染予防のためのスカーフの工夫

した。写真のクマの人形は、心肺蘇生の仕方を学ぶためのものです。実際に手で胸を押した時に、加圧の仕方や位置が正しく行われると緑のランプがつき、正しくないと赤いランプがつく仕組みになっており、力の入れ方などを演習しました。

さらに、インフルエンザなどの感染症が流行する時期には、肺炎などに重症化しやすいため、お母さんたちは外出を控えがちになります。そのことで経験や生活が狭まらないよう、自分の「咳エチケット」にとどまらず、他者の咳を身近に受けないで済むように、簡易な止め方（写真のように縫いつけた紐に通すのみ）で身近な布を使ったスカーフの活用の仕方を知りました。とっさの場合に使いやすく、首の後ろで結んでいないため、子どもにとって違和感が少ないように工夫されています。さりげないことですが、そのような日常生活の具体的なアイデアが、看護スタッフの助言のもとに身につけられることはとても重要で、生活が広がるかどうかに大きく影響するのです。

(3) 個別相談の内容

看護スタッフの個別の相談は、可能な範囲で随時受け付けており、２００５年から２００９年の５年間で３７５件、１３７種類の相談があり、その内容を分類してみました。

個別相談の内容

○医療的ケアに関すること　92（25％）
○日常生活上のこと　87（23％）
○整形外科的な問題　55（15％）
○体調不良・感染症に関すること　46（12％）
○社会資源の情報　20（5％）
○お母さん自身のこと　19（5％）
○成長・発達に伴うこと　16（4％）
○今後の不安　11（3％）
○緊急時の対応　9（2％）
○他科受診に関すること　8（2％）
○その他　12（3％）

具体的な質問内容をみると、非常に初期的な不安から、特殊な医療的処置にかかわる内容まで幅広く、小児科から整形外科、さらに他科の診療内容にわたる知識が求められていました。

お母さんの主訴の例

○胃ろう部分がジュクジュクしている
○発作かどうかよくわからない

○ＭＴ（マーゲン・チューブ）がうまく入れられない
○股関節脱臼だが日常生活上の注意は
○フェノールブロック後の生活上の注意は
○ボトックスをできるといいか
○カニューレがあたる、とってしまう
○体調良好時に呼吸器をはずしてみたい
○低体温だが日常生活上の注意は
○舌を噛んで口腔内に傷ができてしまった
○睫毛《まつげ》内反で目が充血している

(4) その他の支援

看護スタッフによるその他の支援としては、次のとおり、入園前・在園中・退園後にわたりさまざまな役割があります。

入園前：入園を勧める親子の発見

在園中：医師との媒介役

　小児科（体調情報・受診の不安軽減・家族情報）

整形外科（受診のタイミング助言）
特殊外来（歯科・耳鼻科など紹介）
ＭＳＷ（医療ソーシャルワーカー）との連携（適切なレスパイト）
事故対応
母親健康講座の開催
地域支援会議への情報提供
訪問看護師との連携
亡くなった場合の保護者サポート

退園後：フォローアップ
移行先（地域の通園機関・特別支援学校など）への情報提供
保護者サポート

特に、センターは医療機関を備えているので、看護スタッフが外来診療と通園担当を兼務していることは、非常に利点が多く、心強く思っています。むしろ、そうでないとできないとさえ思います。看護スタッフは、集団活動では、子どもの不安を減らせるよう、白衣を着ないでグループにいました。たまに外来で白衣姿を見た子どもは怪訝《けげん》な顔をしていることもあると、歴代のスタッフは笑っていました（最近は、白でなく色柄ものが増えていますが、子どもたちは雰囲気の違いを察しているようです)。

看護スタッフは、「心地よい体験が増えることで、親子ともに笑顔が増えて自己免疫力が促進される」と言います。入園してから入院が減ったことや、感染症からの回復力も早くなったという報告も聞かれ、看護スタッフがいてこそ、そのような場として機能できると改めて思います。

医療を優先せざるを得ない生活から「あたりまえの育児・生活」へと、保護者の意識を橋渡しする役割は重要です。医師がしっかりとそのことを理解し、責任を持って支えている環境のもとでこそ、看護スタッフが独自性を発揮してグループ活動を展開することができます。

他機関に呼ばれてお話を聞くと、「医療か生活か」という二者が対立するかのように考えられていることが多いように思います。もちろん、「医療も生活も」大切なことです。「畑からとったお芋は消毒薬のついた布で拭いてから」「まつぼっくりは煮沸してから」と慎重になりながらも、本物の自然に触れることが実現できれば、活動は豊かになります。

そのためには、どこまで、何が必要で優先されるべきかなど、意見を出し合いながら、事故がないように進めることが大切です。活動中に看護の立場から気になることがあった時は、すみやかに検討する必要がありますが、いきなり活動が中断してしまうような声掛けでは、みんなが緊張してしまいます。〈通園〉の看護スタッフは、いつも柔らかな口調でそのことを指摘

当施設ではただ治療、リハビリを行うだけでなく、様々な専門的な知識を持ったスタッフと連携を取り合い、身体の事はもちろん、レクリエーション、地域サポートの利用相談、心のケアなどトータルサポートを実践し、より良い生活ができるようチームで取り組んでいます。

臨床心理士

子どもたちの心のケア、生活相談を行っています。

MSW
（ソーシャルワーカー）

各地域で安心して生活ができるように支援しています。

医師

小児科・整形外科などの専門医がQOLの向上を目指し、トータルサポートしていきます。

保育士

子どもたちが楽しく生活できるように遊び、入園生活のサポートをしています。

医療チーム
薬剤師
調剤業務・医薬品の管理を行っています。
言語聴覚士
訓練やその子に合ったコミュニケーション方法を選択し、より良い生活ができるようサポートしています。
理学療法士
作業療法士
身体機能の向上を目指して訓練を行っています。
介護福祉士
(児童指導員)
入園のサポートをしながら、学校との連絡、スケジュール調整を行っています。

しながら、その場にいる親子もスタッフも驚かずに理解できるように声掛けをしています。多職種が力を出し合うグループ活動では、このようなスタッフ間の意見の交流が不可欠です。表現の仕方に気をつけながら、常にコミュニケーションをとっていきたいと思います。

この領域の看護スタッフが果たしている役割の重要性を、多くの方に是非理解してほしいと願っています。センターの看護師募集のパンフレットは、「『こころ』と『からだ』を大切にする看護」というタイトルですが、前の見開きの絵はその中のものです（右から4番目の臨床心理士のモデルは私です）。

7　心理担当者の役割

医療的ケアが必要な乳幼児を育てるお母さんたちの思いは、初期的であるがゆえに時として混沌としており、漠然とした不安を語られることも多くあります。また、なかなか「治った」「解決した」ということが起きにくい内容もあり、いったんは解決した思いになれても、子どものライフステージによって形を変えて繰り返し生じる不安もあります。だからこそ、心理担当者は、そのような心に生じた思いをありのままに安心して語れる場を保障し、その内容を一緒に整理しながら、しかるべき専門スタッフを紹介するなど、少しでも不安が軽減する方向へ情報提供するコーディネーター的な役割も求められます。

さらに重要なのは、お母さんが日々の生活の中で「一人の子どもを養育している」という思いを持ちながら過ごせるように、心理担当者自身が発達に関する知識と支援の技能を身につけていることです。「遊び上手」と言い換えてもいいかもしれません。

療育の実際のところで書いたように、子どもたちの遊びは、あたりまえの発達経験であるはずなのに、時として非常に難しさを伴います。遊びの専門家である保育スタッフでさえ、今の課題をどのように設定するかに戸惑いを感じることがあります。それは、勉強してきた発達の順序となる物差しが、そのままでは使えないからです。もっともっと目盛りを細かくして、とてもささやかな発達的な変化でも目に見えてクリアできるような設定でないと、いつまでたっても「できない」ことの繰り返しになります。

そのような視点を持ち、集団で展開する技量を持ちうるのが心理担当者ではないかと思うのです。発達心理学や認知心理学、遊戯療法や音楽療法や描画法や集団精神療法など、いろいろな知識・技法を活かすことができるからです。

私はよく、「なんかうちの子は、先生がそばを通るとよく見ている」とお母さんから言われることがあります。発達心理学には、「エントレインメント（引き込み現象）」という概念があって、親しい間柄の人が共にいてコミュニケーションが進んでいる時には、会話や体の動きがお互いに同調すると説明されています。そして、まだ話し言葉の理解が難しい赤ちゃんでも、体のリズミカルな動きに対して引き込み引き込まれるという力が備わっており、コミュニケーションの原型として大事な機能であると言われています。そのような知識を使いながら、体の動きを使ってコミュニケーションをとることがあります。保育スタッフから、「なんでそっちばかり見るのか」と尋ねられると、「私は、体の動きを子どもに合わせて速くしているから」と笑っておきます。

よく「どうやって遊んでいいのかわかりません」と言われますが、積み木や型はめなどの既成のおもちゃではなく、一見遊びとも思えないようなことでも、気持ちが通じ合うと「遊び」になるのです。初めから予測がつくわけではありませんが、そばにいて「ああでもない、こうでもない」と試みる中で、ふと気持ちが通じ合うことが見つかることがあります。そのことで、お母さんの漠然とした不安が、現実生活でどうかかわろうかというヒントにつながるために、心理担当者が遊びの場に同席することは重要なのです。

3歳になる女の子は、吸引が頻回《ひんかい》に必要で、横になった姿勢で過ごすことが多いこともあり、好きな遊びがなかなか見つかりませんでした。すぐ泣いてしまうので、また吸引が必要になるということを繰り返していました。

ある時、心理面接に来たのですが、その日はとてもかわいいレース編みの白いカーディガンを持ってきていて、枕元にたたんでおかれていました。おばあちゃんが編んで下さったそうで、あまりにかわいいので、私が「ちょっとお借りします」とカーディガンをくるっと回して自分の肩に羽織ってみました。すると、女の子は目を丸くしてびっくりして見つめたあとに、にこっと笑いました。お母さんも私もうれしくなって何回も繰り返すと、そのたびに笑いました。では、バスタオルでも楽しいかなと思い、バスタオルをくるっと回して肩に羽織ると、それもうれしそうでした。

ある時、お誕生会の記念写真をとろうとすると緊張した表情になったので、私がカメラの後ろに回ってバスタオルをくるっと羽織ると笑顔になり、いい表情の写真がとれました。それ以降、小学生になっても、中学生になっても、とても久しぶりに廊下で会って何も持っていなくても、その動作をするだけで笑います。もうすっかりその遊びを覚えているのでしょう。

このやりとりには「〇〇遊び」と名前があるわけではありません。その子どもの関心をお母さんと一緒に探して、いろいろな生活にまつわるものを活かしていけるといいのだろうと思います。私たち心理担当者も「これをすれば喜ぶ」という確信があってかかわるわけではなく、「これはどうかな、あれはどうかな」と試みて探し出しているのです。

しかし、心理担当者は「医学の素人」であり、このような親子を目の前にしながら、医療的な手技を持ち合わせない、とても無力な存在です。「対話精神療法における抱えの環境」として、「試行錯誤が許容される環境のなかで、視野が多方向へと拡がる。そして、新しい視点とプランとを得て、現実の人生へ戻ってゆく」ことの意義が説明されています〔神田橋、1990〕。子どもの養育を含めた人生イメージの転換についてあれこれと思いを巡らせながら、そのことがありのままに表現できる環境に身を置くことで、いろいろな可能性を見出すことができ、子どもとの生活について自分で方向を見出していくことを支えるという意味でしょうか。心理担当者にとって、子どもへのアプローチを中心に過ごす過程は、お母さんの思いを解決する糸口すら見出せない無力感を抱えながらも、今、ここでできることを共にしつつ傍らにいるという重要な役割であると、自分にそう言い聞かせる日々です。

昨今、専門職の能力については、「コンピテンシー」という概念があります、これは、その専門職の倫理観や価値観に沿ったやり方で、適切な判断、批判的思考、そして意思決定ができることを意味するものと考えています。心理担当者の基本的な役割には、かかわっている親子について、その発達的な状態と心理的な状態を、家族や親族などの諸関係全体を把握してアセスメントをし、現実的な介入を行って、必要な専門家へのリファー（紹介）や、地域で生活を支える専門家に対するコンサルテーション（助言など）を行うことが挙げられます。その際に、何を大事にすべきかなど、臨床家としての倫理観や価値観が常に問われます。

学生の頃、知能検査の研修で「検査は何問失敗したらやめる、ということになっているが、子ども自身が失敗感で終わらない工夫が必要」と言われました。また、あるお母さんは「できないことはわかっているのに、そのことばかりに視点を当てて言われると、育てている意味がわからなくなる」と話されました。心理担当者は、客観的で適切な役割の遂行や説明を行うとともに、子どもの未来に関与しているという自覚も忘れてはいけないと思います。

また、移行先の地域の療育機関や就学先の学校との情報共有も大切な役割ですが、この点でも倫理観と価値観が問われます。もちろん、お母さんの了解を得て、何をどこまでお伝えするか、話し合った上で行いますが、時には、「何を話してもらってもいいです」と言われる場合もあります。医療や看護の情報提供と異なり、子どもの幼児期に起きたお母さんの心情的なエピソードは、そのまま伝達すべきかどうか、慎重な検討が必要です。お母さん仲間でトラブルがあった場合、双方の置かれた環境や心情的なタイミングも大きく関係します。エピソードだけが独り歩きしないように、伝達すべき本質を把握して内容を選ぶことが重要です。

必要な専門家へのリファーも、どのような場がふさわしいかについて十分に検討する必要があります。精神科のクリニックの場合、近所の歯医者さんのような入りやすいところを好まれる場合もあれば、遠くても大きな病院のほうがお父さんを説得しやすいとおっしゃる場合もあります。いろいろな地域の情報を持っている必要がありますが、それが不可能な場合は、保健師など地域の信頼できるスタッフと連携しながら、可能な限りスムーズに進むように紹介します。さらに、心理面の診療関係は、相性が大きく関与するため、「会ってみて違うなと思ったら、遠慮なく次を探していい」ということを伝えておきます。お母さん自身が主役であり、誰にも遠慮はいらないからです。

そして、批判的思考を持つことは、とても勇気がいります。黙って会議に座っていたら、それは賛成を意味します。伝わりにくいと感じても、「何か気になるのですが」という発言だけでも言えるようにしたいと思います。言い方も工夫する必要があるでしょう。

そのほかには、関係諸学会での研究発表など、自己の臨床活動を客観的に見つめながら研鑽することも大切です。この十数年来、医療的ケアが必要な子どもとその家族に関するテーマで、心理臨床関連の学会発表を続けてきました。2時間のポスターセッションですが、初めの頃はポツリポツリと人が来るだけでした。しかし、その中には、「ここしかこのテーマがないから選んで来た」という現場のスタッフもいて、そこで4～5人がずっと話し込んでいました。その後、これが毎年同窓会のような場になり、その結果、この領域の心理臨床に関する貴重な研修会が立ち上がることにつながりました（全国重症心身障害児者施設職員研修会医療技術管理コース心理担当者分科会、心身障害児総合医療療育センター重症心身障害児者にかかわる心理担当者講習会）。

そして、2019年には、2時間の発表の間、ほとんど人が途切れず、「今、医療的ケアは重要なテーマですから」と、新生児医療や虐待関連のスタッフなど多方面の心理担当者が集まりました。心理臨床の分野において、このテーマが重要な課題として位置づき、認識が広がることで、社会的な不利を軽減し予防する観点からも、社会全体にかかわるアドボカシー（権利擁護）につながればと期待しています。心理担当者の役割は壮大です。

第5章　支援者の自己理解

1　ストレスを上手にコントロールする

私たちの役割は、たくさんの切なさやもどかしさと隣り合わせです。無力感にさいなまれながらも、そこにとどまり続けることしかできないという思いになることもしばしばです。体は、もちろん酷使してきました。それでも、お母さんたちとは違って、休日がありますし、活動中は、凄腕《すごうで》の義肢装具士による手製のコルセットが味方でした。根気のいる役割だからこそ、自分の心と体は自分で守りたいものです。自分で守るということは、自分で気づいてSOSが出せるということも含みます。

メンタルヘルスの分野では、「ストレス・コントロールのための四つのR」が挙げられます。これには諸説ありますが、その一つは、以下のとおりです。

Rest　　　　　：休む
Relaxation　　：力を抜く
Reflection　　：振り返る
Reconstruction：現実に対応できるよう、方針を立て直す私たちには、1番目の「休む」というのがとても難しいことです。「休みましょうと言われて、休めたら苦労はない」と言いたい思いになります。休めないから無理をして調子を崩すのですが、それがわかりつつも難しいことです。

2番目の「力を抜く」というのも、時として難しいテーマです。それはどういうことかと自己分析をしてみると、おそらく、あるべき姿というものを相手に求めすぎている場合です。40ページの目の図で説明しましたが、お母さんやその家族の状況が自分の理想と「ずれている」と感じてしまうと、そこにあてはめようと自分が強く求めすぎて力が入ってしまうのです。だんだんイライラして、「もうちょっとこうやれば、もうちょっとこのお母さんも変わる、楽になる」という気持ちになって力が入ってしまいます。

そこを、思い切って発想を変えて、「ありうる家族なんだ」「いろんな家族がいるんだ」というふうに思えると、肩の力が抜けていくことは前述しました。私たちがたくさんの症例を知っていて、「こうしていたら、ああなってしまった」「こうしておけば、防げたのに」という思いをたくさんしてきていることから、「こうしたらいいのに」と言いたくなってしまうのでしょう。実際、そうすれば防げるのも事実かもしれません。

しかし、当事者であるお母さんにとっては、すべてが初めての出来事なわけですから、「そうだな」と思えて助言に応じられる場合もあれば、「そう言われても、今は無理」と思う場合もあります。そこに気持ちのズレが生じて、心配な内容を予測しうる立場としては、力が入ってしまうわけです。

力が入るもう一つの理由は、目の前で起きていることが自分に近すぎて、客観視することが難しくなっている場合です。このことも、大事なことです。この目の図について前の説明では触れませんでしたが、「実際に対面している家族」の裏に重なるように「自己の家族像」という点線の円が隠れていました。これは、今、実際に対面している家族の抱える問題を通して、自分の過去の体験が呼び起こされることを意味していると思います。しかも、その体験は、心地よいものではなく、責めや怒りに通じるような激しい感情を喚起する場合があります。

アメリカで通っていた大学院の夕方からの授業では、心理臨床の勉強をしている学生は、全員昼間に臨床現場を持っていました。その中で、自分の母親がアルコール依存症だったという学生は、普段は冷静に客観的に議論しているのですが、そのテーマの話題になると、非常に激しく意見を述べていました。つまり、自分の過去が呼び起こされて、冷静ではいられなくなるのでしょう。そのような母親を持った子どもがどんな思いになっているかがありありと浮かぶために、その子どもに自分を重ねて、代わりに怒ってしまうほど生々しい感情がこみあげるのだと感じました。自分の家族でなくとも、大事な親友が置かれている状況に似ている場合など、自分の心を寄せている人が苦しむ状況に重なると、冷静さを保つことが難しくなり、力が入ってしまうのです。

私たちも、一人の人として生きていますので、いろいろと自分のプライベートな問題も抱えています。それが、親との関係であったり、子どものことであったり、夫婦のこともあったりします。一人暮らしの方も、同居していない身内やお友達との関係やプライベートなことがたくさんあると思います。そういうものが、自分の心の中でし残している時というのは、やはりどうしても落ち着かなかったり、ともすると仕事に力を入れすぎたりしてしまうということがあります。

ですから、私は、若いスタッフたちに、「スタッフの代わりはいるけれども、家族の代わりはいない」「あなたしかできないことは、優先していいんじゃないかな」と話します。大切な問題がある時に、「ここまでできると、ほんとはいいかな」と思うちょっと手前のところで、取りあえず引いておくことも大事ではないかと思います。そういう時に前に出すぎてしまって、あとで「やりすぎたな」と思うと、それを修復するほうが複雑になります。

よくよく、自分のプライベートな生活を見渡して、「ちょっと今は無理できないぞ」という時があったらそれを優先して、長い目で見て、親子を支えられるということが大切です。上司にきちんと相談をして、無理をしない勤務にしたり、複数で担当したりするなど、親子に不利益がないように配慮して、可能な体制を整えることが責任のある態度だと思います。

2 「共感疲労」を防ぐには

「共感疲労」という概念があります。これは、共感しようとする思いが強すぎて、疲れすぎることを含んでいます。勤務が終わった直後から、さっと仕事のことを忘れて生きていけると楽でしょうが、家に帰ってお風呂に入って、「きょうのこの件は、ああ言うんだった、こう言うんだった」などと、いろいろ思うこともあるでしょう。一生懸命、相談相手の思いに共感しようと努力する人ほど疲れてしまいます。

「二次被爆」という表現もあります。「援助者であることはまたリスクを負う。すなわち、人びとをケアすることで、時には、相手の外傷性の体験に曝《さら》された直接の結果として苦痛を経験することでもある」と言われます〔スタム、2003〕。2001年9月11日、ニューヨークのタワービルで起きた大規模なテロ事件の際、消防隊員の方たちが必死に対応し、その後、その方たちに精神的なサポートが必要となった時に話題となりました。相手のことを思い、自分を責めてしまうほど、追い詰められてしまうのです。

このような事態では、「自己分析を試み、『接近』と『回避』を上手に組み立てる」ことが大切だとされています。「接近」とは、とことん気になっているテーマに対して向き合うことだと思います。例えば、勉強会を開いたり、症例研究をしたり、関連した文献を読んだりするなどです。スーパービジョンを受けることも、第三者にまとめて話すことで、自分のかかわり方を客観視できる貴重な機会になります。

「回避」とは、職場から気持ちを離し、自分に合ったはけ口を意図的に体験するということです。旅に出るとか、好きな曲を聞きに行くとか、美味《おい》しいものを食べるとか、友人と気楽な話をするとかでしょうか。自分に合ったというところが大事なので、自己分析して選んでいけるといいでしょう。

そして、大切なのは、この両者を「上手に組み立てる」という点です。どちらか一方では駄目なのです。近づきすぎても、離れすぎても現実的ではありません。上手に組み合わせることによってバランスが取れ、また自分らしいペースで役割を続けることができるのです。

しかし、私たち臨床家というのは、やはり、くよくよできないと向いていない面もあります。あまりにもサッパリしすぎていると、いろいろと悩んでいる人の気持ちが想像しにくいからかもしれません。私たちの仕事は正解がないとも言えます。「あんなこと言わなきゃよかった」「あそこで、ああ言えばよかった」と悔いていても、案外、そのことが、何年かのちに活きることがあります。「あの時、先生が思い切って、あんなこと言って下さったので、それがこの5年間支えになりました」などと、あとから言われることもあります。

正解などないような役割だからこそ、くよくよしながら、「ああだったか、こうだったか」と自問自答できるというのは、とても大切なことかもしれません。ただ、それが多すぎるとすごく疲れてしまうので、上手なはけ口を持つことが大事なのです。

このことをスタッフ向けの研修会で話した時、「先生はどうするんですか？」と質問が出て、「私は山並みを見に行きます。若い頃から山歩きが好きでしたので」と返事をしたところ、「山を見に行く時間とお金がない場合は？」とか、いろいろ聞かれました。

その時に考えた答えは、「自分でも何かいいことができたのではないかという、自分の勲章を持っておくこと」「ささやかだけど私でもこんなことができて、それは、今までの人生の中での勲章だったなということを思い出すこと」ということでした。「ちょっとまいっちゃっているけど、あんなこともあったから、少しは世の中の役に立っているかな」と思って、少し自分を立て直せることがあります。

その時、浮かんだのは、あるお母さんの言葉でした。もう30年来の長いおつきあいの方ですが、「すごくつらいことがあった時に、先生のところに電話をして面接予約をして相談をしようと思ったんですけど、先生に相談をしたら、きっとこう言うだろうと先生の声が聞こえてきました。そのようにしたら解決しちゃった。だから、先生はもういりません」と言われました。それが、私には大きな勲章なのです。私は、臨床というのは、相手の方が、誰かを頼って生きるのではなくて、臨床者と一緒にいた日々で培《つちか》われた思いや信頼や勇気が自分の内面に息づいていて、そのことを糧《かて》にして自分の足で歩いていける、そのように支えることだと思います。ですから、この話は、私にとってかけがえのない勲章なのです。

夜、お風呂の中でくよくよと「今日のはまずかったな」「あんなこと言うんじゃなかった」などと思う時に、このエピソードを思い出して、「そうだった、勲章持っていた」と思うと、山並みを見に行けなくても朝まで寝られなくても、「また明日は誰に会えるかな」などと思えます。

共感疲労の文献にチェックリストというのがあるのですが、それでチェックすると、私は「最重度」の危険率です。自分で相手に気持ちを寄せたつもりになって、かなりくよくよするタイプらしいのですが、「まあいいや、これがなくなったら心理臨床家としては向いていない」と思ってこの役割を続けています。

おわりに

長い間、センターを中心に心理臨床を続け、想定を超えて通園科と臨床心理科という二つの科の科長になりました。目の前で起きることにその都度あれこれ精一杯対応してきましたが、よかれと思ってもうまく行かず、悔いることがたくさんありました。それこそ医学の素人で、血は怖いし、針は怖いし、どうしてこんな役をやることになったのだろうと、ふと不思議になることもありました。

しかし、学生時代に幼稚園実習の運動会の練習で、笑顔で玉入れをする大勢の子どもたちにパワーをもらいながらも、傍らで砂ばかりいじっている男の子が気になってしょうがなかった私は、「子どもを通して人間とは何かを考える」大学に入り直しました。その時、授業で通い始めたのがこのセンターでした。

医療的ケアが必要な子どもたちのことを考える時、授業で勉強した発達的な視点はいつも助けになりました。「人」として、誰にでも共通する道筋で発達が進んでいて、今、そこにある「問題行動」に見えることは発達の過程だと考えると、次の課題が見つかりました。また、

「人」だからこそ、思いとずれる状況では平静ではいられないのだろうと捉えると、精神医学を温かく学べる場は《命綱》のような存在でした。

「この領域で仕事をしていると、心理担当者としてのアイデンティティーに戸惑う」と言う若手臨床家に会うことがあります。しかし、このような家族にかかわることは、いろいろな家族の歴史と個性があるために、心の問題のテーマも幅広く、医療的ケアに伴う制限もあって複雑化しているからこそ、心理臨床の真価が問われます。それは、「公認心理師受験ガイドブック」さながら、多領域にわたった知識を必要とします。

そのようなわけで、スペシャリストではありませんが、少しはジェネラリストになるのではないかと思っています。それらの心理的知見がこの領域の臨床の大きな手がかりになるのです。だからこそ、限られた時間の中で上手に知識や技術を活用し、親子とスタッフが力を合わせ、お互いを大事にし合えることを広めたいと思ってきました。

まだまだ途上ではありますが、これまで会った子どもたち、お母さんたち、ご家族、スタッフたちへの思いを込めて、今のうちに書き留めておかなければと考えました。やはり、この領域の心理臨床は、「人とはどのような存在か」という根源的な価値観にかかわっています。そのような子ども観、人間観を持ちながら、人の心を理解し支援していくことは、心理臨床のどの領域にも普遍的なものであると、改めて感じています。

この本ができたのは、たくさんの子どもたち、お母さんたち、ご家族がそばにいて、大切な気持ちを伝え続けて下さったからにほかなりません。

これまでの私の臨床活動を形作り、支え、応援し続けて下さった恩師たちの言葉が今でも心に響きます。

前文を快くお引き受け下さった山根希代子先生は、人への温かく深い眼差《まなざ》しを持ってスタッフたちに慕われ、私にたくさんの機会を作って下さいました。

また、私の意見に耳を傾けて下さった医師をはじめ、いろいろな職種のスタッフがいたからこそ、この親子たちに会え、心理担当者独自の役割を模索し続けることができました。療育研修所をはじめ、各地の研修会の参加者からの質問や議論によって、私自身の思索も深まりました。一緒に研鑽し合った心理臨床の仲間には、たくさん助けられました。そのほか、センターの多くのスタッフの皆さんに〈通園〉の活動や研修会等を支えていただきました。草稿の段階でたくさん時間を使って丁寧に目を通してくれた友人からは、親身な意見をもらいました。

表紙は、ドライフラワーワークス「フォリア」を主宰する半谷京子さんが、新しい相談室の開設祝いに下さった押し花の額を使わせていただきました。

子どもたち、お母さんたち、ご家族、恩師、山根先生、スタッフ、友人、半谷さん、そして大切な家族に、心から感謝しています。

２０１９年12月

三浦幸子

【追記】

２０２０年春、新型コロナウイルス感染症が全世界に広がり、多くの人の命と健康が脅かされ、生活が大きく変化しています。医療的ケアが必要な子どもたちやそのご家族の生活にも深刻な影響が及んでいて、医療的ケアに不可欠な消毒液等の不足も報道されています。外出の自粛により、子どもたちの通園や通学、ご家族の仕事等も大きく制限されています。本文で述べたようなグループ活動も難しい状況にあります。

〈通園〉の責任者をしている間、入園手続きをしても1回も通えなかった親子や、説明だけをして体調が整うのを待ちながら時が過ぎた親子もいました。だからこそ、こちらから出向いて、家庭と集団の場のつなぎ手になりたいと、訪問の心理相談室を始めました。

おりしも、今の事態の中で、その発想をより柔軟な形で実践する必要性が生じました。感染症の拡大防止に気を配りながら、できる限りの支援を続けるために、オンラインでの面接も始めました。家庭でのかかわりの手がかりとなるおもちゃなども、届けたいと思います。今だからこそ、心の理解をもとにご家族を支援して、この困難な事態を乗り越えられるよう力を合わせていきたいと考えています。

最後になりますが、この本がこの厳しい情勢の中で完成するにあたり、たくさんの方に支えていただきました。吉村弘幸さんをはじめ講談社エディトリアルの関係者の皆さん、印刷所の方々に、心からお礼を申し上げます。

（2020年4月）

《引用・参考文献》

安達聡子（2017）「子どもの入所施設における心理担当者の立ち上げと展開」心身障害児総合医療療育センター第4回重症心身障害児者に関わる心理担当者講習会話題提供資料
有松眞木（2009）「重症児看護の魅力――療育の中で看護師の果たす役割」平成20年度全国重症心身障害児施設職員研修会講演録「重症児とともに124」

《引用・参考文献》

市原カツ子・三浦幸子・栗原美和（２０１０）「医療ニーズの高い乳幼児を対象とする在宅支援――通園療育における看護の多様な役割」視覚障害者用図書事業等委託費心身障害児等の療育に関する研究等事業研究助成報告書

伊藤真理子（２０１７）「通園療育における健康管理――看護師の立場から」心身障害児総合医療療育センター第49回幼児通園療育職員講習会講義資料

ウィリアムズ Williams,M.B. et al.（２００９）『心とからだと魂の癒し――トラウマから恢復するためのＰＴＳＤワークブック』グループ・ウィズネス訳／明石書房

内海真衣（２０１９）「重症心身障害児者施設における未就学児への発達支援――多職種によるグループ保育の試みを通して」全国重症心身障害児者施設職員研修会医療技術管理コース心理分科会話題提供資料

大野裕監修（２０１２）『みんなのうつ――うつ病かなと思ったら』クリエイツかもがわ

奥村由紀（２０１６）「療育機関における心理担当者の役割」心身障害児総合医療療育センター第３回重症心身障害児者に関わる心理担当者講習会話題提供資料

小倉清（１９９６）『子どものこころ――その成り立ちをたどる』慶應義塾大学出版会

小倉清（２００６）『子どもの臨床』岩崎学術出版社

小倉清（２００６）『思春期の臨床』岩崎学術出版社

小倉清（２００８）『子どもをとりまく環境と臨床』岩崎学術出版社

小此木啓吾（１９７９）『対象喪失――悲しむということ』中公新書

加藤久美子・村山恵子・三浦幸子・須山薫・北住映二（２０１７）「重症心身障害・神経筋疾患への呼吸

リハビリテーション外来の課題――死亡例家族の意識」第43回日本重症心身障害学会学術集会プログラム・抄録特集号
河合隼雄（1970）『カウンセリングの実際問題』誠信書房
川越央子・五島敦子ほか（2017）「訪問看護師による就学前年生活支援――4年間50人のアンケート調査から」第43回日本重症心身障害学会学術集会プログラム・抄録特集号
河野幸・松本聡美・三浦幸子・北住映二（2007）「保育士による活動の質を高めるために――厚生労働省委託の通園療育講習会の内容から」第22回関東甲信越静肢体不自由児施設療育研修部会発表論文集
神田橋條治（1990）『精神療法面接のコツ』岩崎学術出版社
北住映二（2003）「乳幼児期の支援――医療ニーズの高い重症心身障害児の問題点と支援の課題を中心に」発達障害研究25(3)
北住映二（2011）「重症心身障害児者への支援について――「権利条約」と関連しての課題など」両親の集い645／全国重症心身障害児(者)を守る会
木下知栄ほか（2015）「訪問看護ステーションの実情を踏まえた連携」第30回関東甲信越静肢体不自由児施設療育研修部会発表論文集
キューブラー＝ロス Kübler-Ross,E.（1971）『死ぬ瞬間――死にゆく人々との対話』川口正吉訳／読売新聞社
鯨岡峻（1997）『原初的コミュニケーションの諸相』ミネルヴァ書房
クラウス Klaus,M.H.・ケネル Kennell,J.H.（1979）『母と子のきずな――母子関係の原点を探る』竹内徹・柏木哲夫訳／医学書院

《引用・参考文献》

栗原和彦（2011）『心理臨床家の個人開業』遠見書房
栗原美和・中島尚美・荒木千鶴子・三浦幸子（2011）「療育機関における保育スタッフに求められる研修内容――演習体験を取り入れる意義」視覚障害者用図書事業等委託費心身障害児等の療育に関する研究等事業研究助成報告書
栗原美和・中島尚美・三浦幸子・荒木千鶴子・山形明子（2013）「療育の展開に必要な素材・教材の工夫」視覚障害者用図書事業等委託費心身障害児等の療育に関する研究等事業研究助成報告書
児玉和夫編（1983）『脳性麻痺第3集』協同医書出版社
児玉和夫（2019）「障害児入所施設の在り方」全国重症心身障害児者施設職員研修会医療技術管理コース講演資料
五味重春・田口恒夫・松村康平監修（1979）『幼児の集団指導――新しい療育の実践』幼児集団指導研究会編／日本肢体不自由児協会
今野有里・深澤裕子（2019）「他職種連携による支援によって社会的機能が向上し、保育園での集団活動への適応が広がった一症例」第38回東京都理学療法学術大会
齋藤清美（2017）「豊かな経験を広げる遊び」心身障害児総合医療療育センター第49回幼児通園講習会資料
佐川奈津子（1999）『おにいちゃんが病気になったその日から』新風書房
佐川奈津子（2001）『おにいちゃんが病気になったその日から』小学館
佐々木正美（2006）『抱きしめよう、わが子のぜんぶ――思春期に向けて、いちばん大切なこと』大和出版

杉原康子・阿部瑠子（２０１８）「緩和ケアを知る――心理職の役割を模索しながら」全国重症心身障害児者施設職員研修会心理分科会資料
杉本恵子（２０１２）「「絵」で語る」特集 コミュニケーション２／はげみ346
スタム Stamm,B.H. 編（２００３）『二次的外傷性ストレス――臨床家、研究者、教育者のためのセルフケアの問題』 小西聖子・金田ユリ子訳 誠信書房
関宏之（２０００）「障害の受容」『社会福祉用語辞典』ミネルヴァ書房
田口恒夫・津守真・松村康平ほか（１９７４）『児童における人間の探求』光生館
田口恒夫（２０００）『子どもの心と言葉を育てる本』リヨン社
田中総一郎ほか編著（２０１２）『重症児者の防災ハンドブック――３・11を生きぬいた重い障がいのある子どもたち』クリエイツかもがわ
田村正徳ほか（２０１８）「医療的ケア児に対する実態調査と医療・福祉・保健・教育等の連携に関する研究」厚生労働科学研究
Team18（２０１１）『18トリソミーの子ども達』渡辺とよ子監修／暮しの手帖社
辻井正次ほか（１９９４）『〝いのち〟ふれあう刻を――重症心身障害児との心理療法』村上英治監修／川島書店
土屋明美監修（２０００）『関係状況療法』関係状況療法研究会編／関係学研究所
津守真（１９９７）『保育者の地平』ミネルヴァ書房
東京都重症心身障害児（者）を守る会編（２０１７）「在宅会員実態調査報告書」
ドナ・ジャクソン・ナカザワ Donna Jackson Nakazawa（２０１８）『小児期トラウマがもたらす病――

ＡＣＥの実態と対策』清水由貴子訳／パンローリング株式会社
ドローター Drotar,D. et al.（１９７５）The adaptation of parents to the birth of an infant with a congenital malformation :a hypothetical model. Pediatrics, 56（５）
中島尚美・栗原美和・古屋直子・吉澤尚史・浅倉由紀・平澤昌子・久保田麻子・柄田祈久子・板羽芙美香・三浦幸子・山形明子・中谷勝利・田中弘志（２０１３）「『18トリソミー』の子どもたちとの豊かな生活経験――幼児通園におけるチームアプローチ」第58回全国肢体不自由児療育研究大会論文集
中田雅子編（１９８２）『言語障害児教育の実際シリーズ⑤脳性まひ』日本文化科学社
成田善弘編（２００６）『境界性パーソナリティ障害の精神療法』金剛出版
信田さよ子編（２００１）『子どもの虐待防止最前線』大月書店
野本茂夫監修（２００３）『どの子にもうれしい保育の探求』横浜市幼稚園協会
橋本悟（２０１８）「重症心身障害児者の心理アセスメント」子ども発達臨床研究第11号
畠瀬直子ほか編（１９８６）『カール・ロジャーズとともに』創元社
畠中徳子・高橋洋代ほか（２００４）「地域子育て支援に関する研究――東京都杉並区・武蔵野市・三鷹市における４歳未満児の子育てを行っている家族の子育ての実態と子育て支援のニーズについて」立教女学院短期大学幼児教育研究所
福山和女（２０００）「医療・保健・福祉の分野での対人援助に見る家族の理解」伊藤克彦ほか編著『心の障害と精神保健福祉』ミネルヴァ書房
藤本修（２０１２）『職場のメンタルヘルス――こころの病気の理解・対応・復職支援』ミネルヴァ書房
前田重治（１９８４）『心理面接の技術――精神分析的心理療法入門』慶應通信

前田重治編（１９８６）『カウンセリング入門――カウンセラーへの道』有斐閣選書
前田重治（１９８８）『不適応の精神分析――心の健康を育てる』慶應通信
前田浩利（２０１７）「重症心身障害児者の在宅医療のあり方――変わる小児在宅医療」第43回日本重症心身障害学会学術集会プログラム・抄録特集号
松村康平（１９６１）『心理劇――対人関係の変革』誠信書房
松本直子（２０１６）「大きく育った18っ子のトラくんの心の育ち」特集 心の育ちを支える／はげみ366／日本肢体不自由児協会
三浦幸子（１９８７）「アメリカにおけるサイコドラマに関する一考察」関係学研究10(1)
三浦幸子（１９９４）「幼稚園・保育所と専門療育機関の連携について」立教女学院短期大学紀要26
三浦幸子（１９９８）「育児相談の受け方――面接相談」育児不安と子育て支援／愛育同窓会
三浦幸子（１９９９）「心理検査の意味するもの」ともしび／日本てんかん協会東京支部
三浦幸子・山口香苗（１９９９）「発達臨床おける家族関係の理解と支援――療育機関で出会うきょうだいについて」関係学研究27(1)
三浦幸子（２００１）「医療福祉の現場から 臨床心理士 医療福祉学がわかる」アエラムック／朝日新聞社
三浦幸子・山口香苗・村田直子・仁村千鶴子（２００１）「療育機関における心理臨床の現状と課題」日本心理臨床学会第19回大会発表論文集
三浦幸子・林香苗（２００２）「療育機関における母親の理解と支援――心的過程を重視した初期介入の方法」日本心理臨床学会第20回大会発表論文集
三浦幸子（２００２）「肢体不自由児施設における遊び（指導）の実際」特集 遊びの育ちと指導／はげみ

２８４／肢体不自由児協会
三浦幸子・林香苗（２００４）「医療ニーズの高い乳幼児の家族支援――質問紙にみる保護者のニーズ」第91回日本小児精神神経学会論文集
三浦幸子（２００４）「発達臨床における心理劇的技法の展開」関係学研究32(1)
三浦幸子（２００６）「てんかんと他の障害を併せもつ子のために――若いお父さんお母さんへのエール」ともしび／日本てんかん協会東京支部
三浦幸子（２００９）「生活が豊かになる遊び――通園科の工夫」特集 生活・学習を豊かにする遊び・活動／はげみ328／肢体不自由児協会
三浦幸子・荒木千鶴子（２０１１）「医療ニーズが高く肢体不自由を伴う乳幼児の家族支援――看護相談からよみとる生活状況と心理の役割」日本心理臨床学会第30回大会論文集
三浦幸子・三間直子・荒木千鶴子（２０１２）「肢体不自由をもち施設入所している子どもたちの心理臨床――児童養護施設の課題との共通性と独自性」日本心理臨床学会第31回大会論文集
三浦幸子・荒木千鶴子（２０１３）「重症心身障害児者施設スタッフ支援における心理職の意義――10年間の研修受講者のニーズ・効果・限界から」日本心理臨床学会第32回大会論文集
三浦幸子・荒木千鶴子・三間直子・山形明子（２０１６）「肢体不自由を対象とする心理臨床――ライフステージにおける臨床課題・第一報」日本心理臨床学会第35回大会論文集
三浦幸子（２０１６）「「心が育つ」とは」特集 心の育ちを支える／はげみ366／日本肢体不自由児協会
三浦幸子・齋藤清美（２０１９）「保育園等で出会う親子の支援」東京都保育士等キャリアアップ研修障害児保育リーダー研修資料／東京福祉専門学校

三浦幸子・荒木千鶴子・山形明子（２０１９）「医療的ケアを必要とする乳幼児の家族支援――相談内容からよみとる心理支援ニーズ」日本心理臨床学会第38回大会論文集
三科潤・三浦幸子（１９９４）「極小未熟児の長期的予後に関する検討」小児医療研究
宮田広善（２００１）『子育てを支える療育――〈医療モデル〉から〈生活モデル〉への転換を』ぶどう社
宮地知美（２０１９）「思春期における心理的支援――Sさんの暮らしを支えるもの」全国重症心身障害児者施設職員研修会医療技術管理コース心理分科会話題提供資料
武藤安子・三浦幸子・篠田美香（１９９３）『発達臨床――人間関係の領野から』武藤安子編著／建帛社
村田豊久（２００９）『子ども臨床へのまなざし』日本評論社
森邦子（１９７７）「児童臨床活動の中から」関係学研究５(1)
森省二（１９９０）『子どもの対象喪失――その悲しみの世界』創元社
山根希代子ほか（２０１５）『障害児通所支援ハンドブック――児童発達支援 保育所等訪問支援 放課後等デイサービス』全国児童発達支援協議会監修／宮田広善・光真坊浩史編著／エンパワメント研究所
山根希代子（２０１８）『子育ての根っこ』合人社グループ出版局
ロジャーズ Rogers,C.R.・ラッセル Russell,D.E.（２００６）『カール・ロジャーズ 静かなる革命』畠瀬直子訳／誠信書房

三浦幸子　みうら・さちこ

臨床心理士、公認心理師。長年、心身障害児総合医療療育センター（東京都板橋区）に勤務し、一九九六年から幼児通園の運営責任者となり、二〇〇〇年から二〇一七年まで通園科長・臨床心理科長を兼務。現在は、同センター、あいりす訪問看護ステーション等に勤めながら、訪問心理相談室みうらを開設して、親子の臨床やスタッフ支援等を続けている。

心《こころ》の理解《りかい》と家族《かぞく》支援《しえん》
——医療的《いりょうてき》ケアが必要《ひつよう》な子《こ》どもたち

二〇二〇年五月二三日　第一刷発行
二〇二三年三月一一日　第三刷発行

著　者　三浦幸子《みうらさちこ》
発行者　堺　公江
発行所　株式会社講談社エディトリアル
郵便番号　一一二－〇〇一三
東京都文京区音羽　一－一七－一八　護国寺ＳＩＡビル六階
電話　代表：〇三－五三一九－二一七一
　　　販売：〇三－六九〇二－一〇二二
印刷・製本　株式会社ＫＰＳプロダクツ

ISBN978-4-86677-072-7